HABILIDADES DE COMUNICACIÓN Y PERSUASIÓN

La Crucial Guía De Entrenamiento Para Personas Exitosas.

Técnicas Secretas Para Mejorar La Influencia Emocional Y La Inteligencia Social

LIAM GARY BENE

© Copyright 2021 - Liam Gary Bene - Todos los derechos reservados.

El contenido de este libro no puede ser reproducido, duplicado o transmitido sin permiso directo y por escrito del autor o del editor.

Bajo ninguna circunstancia se culpará o se responsabilizará legalmente al editor, o autor, por cualquier daño, reparación o pérdida monetaria debido a la información contenida en este libro. Ya sea directa o indirectamente.

Aviso legal:

Este libro está protegido por derechos de autor. Este libro es sólo para uso personal. No se puede enmendar, distribuir, vender, usar, citar o parafrasear cualquier parte, o el contenido dentro de este libro, sin el consentimiento del autor o del editor.

Aviso de exención de responsabilidad:

Por favor, tenga en cuenta que la información contenida en este documento es de carácter educativo y sólo con fines de entretenimiento. Se ha hecho todo lo posible para presentar información precisa, actualizada y fiable, completa. No se implican ni declaran garantías de ningún de ningún tpo. Los lectores reconocen que el autor no se compromete en la prestación de asesoramiento legal, financiero, médico o profesional. El contenido dentro de este libro se ha derivado de varias fuentes. Por favor, consulte a un licenciado profesional antes de intentar cualquier técnica descrita en este libro.

Al leer este documento, el lector está de acuerdo en que bajo ninguna circunstancia es el autor responsable de las pérdidas, directas o indirectas, que se produzcan como consecuencia de la utilización de la información contenida en el presente documento, incluido, pero no limitado a, - errores, omisiones o inexactitudes.

TABLA DE CONTENIDO

Introducción 6

Capítulo 1. La Importancia De Las Habilidades De Comunicación 16

Capítulo 2. Escuchar Es Tan Importante Como Hablar En La Comunicación 26

Capítulo 3. La Capacidad De Comunicación Efectiva Y Su Importancia 38

Capítulo 4. Comunicación Oral Efectiva 49

Capítulo 5. Obstáculos Principales Y Comunes Para Tener Una Comunicación Efectiva 62

Capítulo 6. Comunicación Enfática 73

Capítulo 7. Pequeña Charla Para Construir Una Gran Relación 82

Capítulo 8. Empatía: Una Herramienta Ganadora Para Comunicarse 93

Capítulo 9. Técnicas De Comunicación Asertiva 105

Capítulo 10. Consejos Para Comunicarte Eficazmente En Cada Aspecto De Tu Vida 114

Capítulo 11. Consejos Sobre Cómo Ser Altamente Efectivo En La Comunicación Y En La Oratoria 125

Capítulo 12. Cómo Usar El Método Ford Para Mantener Viva Cualquier Conversación 136

Capítulo 13. Niveles De Comunicación 147

Capítulo 14. Cómo Usar El Contacto Visual Para Una Mejor Comunicación 155

Capítulo 15. Comunicación Y Relación 166

Capítulo 16. Cómo Utilizar Las Habilidades De Comunicación Para Los Negocios 177

Conclusión 186

Introducción

"La más básica de todas las necesidades humanas es la necesidad de entender y la necesidad de ser entendido. La mejor manera de entender a la gente es escucharla." - Ralph Nichols

Así que, cuando pensamos en la comunicación, nosotros, como la mayoría de las personas, tendemos a buscar formas de impartir el conocimiento, en lugar de aceptarlo. Piensa en ello. Cuando piensas en la comunicación, en realidad sólo piensas en hablar. De hecho, incluso cuando se piensa en los oyentes, se piensa en ellos en el contexto de los oradores, ya que existen únicamente para apoyar el hablar.

Pero eso no tiene sentido, ¿verdad? Si los oyentes sólo tienen valor cuando hay un orador, ¿no es lo mismo para un orador? ¿No son también inútiles por sí mismos?

Y sin embargo, los grandes oradores y oradoras son alabados y recompensados, mientras que los oyentes son considerados superfluos para toda la experiencia.

Esto se debe a que en la historia moderna, principalmente en la historia occidental, el énfasis siempre ha estado en el individuo que comanda la multitud. Por eso, cuando nos comunicamos, creemos que la única forma de conectar es hablar, pero al hacerlo, pasamos por alto un elemento clave: nuestro público.

¿Con quién estamos hablando?

¿Qué es lo que están haciendo?

¿Qué deberían estar haciendo?

¿Verdad?

Incorrecto.

Espera y rebobina por un segundo. ¿Notaste que mientras recorrías todo este pasaje, inmediatamente te asignaste mentalmente como el orador y pensaste en X, Y o Z como el oyente? ¿Por qué crees que es así?

Bueno, francamente, es por el poder: el concepto de ser la persona que controla a una multitud en lugar de ser una de las personas que están siendo controladas te hace sentir que eres más autoritario y mejor que tu oyente. Esto nos lleva al siguiente tema: el respeto. Debido a que los oyentes son considerados como "más débiles", también los clasifica mentalmente como menos dignos de su respeto. Esto a su vez compensa totalmente el equilibrio de la comunicación y hace que tu comunicación sea muy unilateral.

Empecemos por arreglar esto.

Antes de concentrarse en lo que otra persona debería hacer, o en lo que tú crees que necesitas hacer, ¿por qué no te concentras primero en construir tus propias habilidades de comunicación? Antes de que te vayas e intentes enseñar a otras personas a escucharte, ¿por qué no aprendes a escuchar a los demás?

¿Crees que estás preparado para el desafío?

¡Grandioso!

Lo que vamos a aprender ahora mismo se llama Escucha Activa. La escucha activa es una técnica que te sintoniza con el hablante para que no sólo te concentres en las palabras del hablante sino también en su lenguaje corporal. Esto es crítico ya que la comunicación no verbal puede jugar un papel crucial en términos de verificar la autenticidad de la información que estás recibiendo.

El objetivo de la escucha activa es asegurar que cuando se te habla, se intenta genuinamente tomar la información que se está proporcionando. Piénsalo así: si tu madre te pide que le consigas una hoja de papel para que pueda anotar algo mientras está al teléfono, y tú vuelves con sólo una hoja de papel, ¿has escuchado realmente?

¿Y si digo que no?

El tema clave de su declaración fue que quería la hoja de papel para poder tomar una nota. Ahora pregúntate, ¿una hoja de papel en blanco va a ser útil sin un lápiz o un bolígrafo?

Verás, escuchar es más que registrar palabras en tu mente, es entender la intención y el propósito que transmiten esas palabras para que puedas ayudar a facilitar una solución basada en esas pistas. Hay muchas técnicas que puedes usar para mejorar tu capacidad de escucha. Ya que estás empezando, ¿por qué no empezamos con nueve pasos necesarios que pueden ayudar?

Entonces, ¿estás listo para convertirte en un maestro escuchador?

¡Impresionante!

¡Aquí vamos!

Técnica 1: Ofrecer apoyo

¿Alguna vez te has preguntado por qué te sientes cómodo diciendo cosas a algunas personas e incómodo diciendo cosas a otras? ¿Por qué crees que es así? Bueno, es porque algunas personas te han indicado, ya sea abierta o subliminalmente que estás a salvo con ellos, y que puedes confiar en ellos y que te están tomando en serio. Ahora bien, si te sientes así cuando hablas, y si alguien que sólo está escuchando puede hacerte sentir cómodo o incómodo, ¿no crees que tienes la capacidad de hacer lo mismo cuando eres el oyente?

Entonces, ¿cómo puedes hacer eso?

Escenario uno:

Digamos que, eres un profesor, y tienes un examen que realizar en unos diez o quince minutos. En este momento, tu colega que ha estado teniendo un tiempo difícil con la administración ha venido a tí para hablar sobre el tema porque creen que puedes ayudarles.

Quieres ayudarlos, y quieres escucharlos, pero estás mirando el reloj del pasillo cada dos minutos y te acercas lentamente al salón de clases mientras asientes distraídamente a su diatriba.

¿Cómo crees que se siente tu colega?

¿Cree que se siente escuchado?

Lo más probable es que no, y eso es comprensible. Tú te sentirías igual.

Bueno, volvamos a evaluar lo que salió mal. Cuando tu colega vino a hablar contigo, sabías dos cosas. a) Que tienes una clase en diez minutos, y b) que deseaba conversar contigo sobre un tema que iba a llevar más de diez minutos. El problema es que ambas cuestiones son incompatibles, lo que significa que al no decir nada, te estás poniendo en una posición imposible. No sólo no vas a llegar a tiempo a la clase a este ritmo, sino que además no estarás capaz de hacer sentir a tu colega que valoras su tiempo o compartes su preocupación. En resumen, se habrán sentido aislados y sin apoyo.

Lo que acabas de hacer es escuchar de forma "pasiva". Tu papel como oyente era inerte y no respondía a las circunstancias. Entonces, ¿cómo sería la escucha "activa" en este caso?

Bueno, para empezar, la escucha activa evalúa.

Entonces, cuando tu colega vino a discutir el problema, como oyente activo, te habrías dado cuenta de que no tenías suficiente tiempo para terminar la conversación en este momento.

Por lo tanto, si le hubieras dicho a tu colega que tenías una clase en diez minutos y como se trataba de un tema importante que llevaría más tiempo que los diez minutos de los que dispones ahora, habrías expresado que aunque deseas ayudarlo, no puedes en este momento.

Entonces, por una buena medida, si añadieras un tiempo adecuado cuando estés libre, estarías haciendo un esfuerzo concentrado. No sólo les dirías que ellos importan, verbalmente, sino que estarías usando una acción para seguir ese comportamiento.

Ahora, puedes llegar a clase a tiempo, ¡y tu colega no cree que estás alejado! ¡Todos ganan!

Técnica 2: Crear aperturas

Entonces, ¿alguna vez te has sentido claustrofóbico?

Ya sabes, cuando sientes que todo se te está acercando. Cuando había demasiada presión sobre ti, y necesitabas levantarte y ser capaz de escapar. Bueno, ese es otro efecto secundario común de la mala comunicación.

Verás, la comunicación tiene que ser liberadora. Cuando tú, como oyente, no estás haciendo que tu interlocutor se sienta seguro, éste tendrá más dificultades para explicar cuál es el problema y estará más inclinado a mentir o a actuar.

Con una buena comunicación, puedes hacer que tu interlocutor sienta que hay una gran litera entre los dos, no una que le mantenga alejado de ellos, sino una que les dé espacio para respirar, y no sentir que están siendo interrogados por la inquisicón española.

Básicamente, hay que animarles a hablar, pero también hay que permitirles tomar una decisión. Así que, dales una oportunidad, pero no los agarres por el cuello.

Démosle un poco de contexto a las cosas, ¿sí?

Escenario dos:

Tu novio, Clark, ha tenido un día difícil. Solía ser un gran volador con un gran trabajo, pero después de que esta nueva compañía llamada Empresas Stark se mudó, perdió su trabajo. Ha estado desempleado durante meses, y esta noche al volver a casa del trabajo, notaste que la casa es un desastre y tiene los ojos enrojecidos.

¿Cuál de los siguientes puntos debería ser tu respuesta?

Respuesta 1: Clark, ¿qué pasa? ¿Estás molesto por el trabajo?

Respuesta 2: Oye cariño, ha sido un día difícil, ¿no? Cosas malas pasan, tendrás mejores oportunidades.

Respuesta 3: Oye cariño, la casa está desastrosa, ¿Por qué no nos vestimos y cenamos fuera, y podemos ocuparnos de esto más tarde?

Respuesta 4: Oye tú, ¿estás bien?

En la primera respuesta básicamente estás acorralando a tu novio.

Clark ahora siente que lo has puesto en un aprieto y automáticamente entra en un modo defensivo en el que se siente como un perdedor porque mencionaste su trabajo perdido. Tiene que fingir lo contrario porque ya sospechaste que el comportamiento podría deberse a su pérdida de trabajo.

No llegarás a ninguna parte con eso, y en casos como la respuesta dos, donde te deslizas a través de su respuesta, tampoco ayuda mucho. Entonces, ¿qué deberías hacer?

La respuesta tres ignoró toda la premisa y trata de cambiar el tema a algo más ligero como los planes para la cena. El problema con eso es que ahora Clark siente que sus problemas no son tan importantes como para merecer una conversación, y no te puede molestar para hablar sobre ello, por lo que evitan el tema tanto mental como físicamente.

La respuesta ideal es la respuesta cuatro, donde has mostrado una buena cantidad de interés y has indicado que estás abierto a una conversación si Clark desea tenerla. Pero no has sido lo suficientemente específico como para dejar saber que algo está mal, dándole a Clark el control para que ahora le diga o evite el tema.

Bastante bueno, ¿no?

Capítulo 1. La Importancia De Las Habilidades De Comunicación

El desarrollo de tus habilidades de comunicación puede ayudar en todos los aspectos de tu vida, desde tu vida profesional hasta las reuniones sociales, y todo lo demás. La habilidad de comunicar información de forma precisa, clara y como se pretende, es una habilidad vital para la vida y algo que no debe ser pasado por alto. Nunca es demasiado tarde para trabajar en tus habilidades de comunicación y al hacerlo, puede que mejores tu calidad de vida.

Para demostrar lo importante que es la buena comunicación. He enumerado algunos de los beneficios que puede tener en tu vida profesional.

En la demanda de los negocios, las habilidades de comunicación oral y escrita están constantemente clasificadas entre las diez principales habilidades deseables por las encuestas de los empleadores año tras año. A menudo se anima a los empleados a tomar cursos en línea y entrenamiento en persona para mejorar sus habilidades de presentación y comunicación.

Mejora la formación de equipos. La comunicación honesta y efectiva puede crear un equipo fuerte. Cuando el personal consulta con cada uno de los demás, considera otras opiniones, y discutir su progreso, estarán más entusiasmados en colaborar. Como resultado, la fuerte unidad que crean hace que el lugar de trabajo sea más agradable, y estarán ansiosos por rendir bien para no defraudar a sus compañeros.

De hecho, la comunicación ayuda a resolver los problemas de moral de los empleados manteniendo a equipos enteros en el circuito, haciendo que todos los miembros del equipo se sientan útiles dentro del lugar de trabajo. Esta falta de secretismo no sólo fomenta el espíritu de equipo, sino que también tiene un efecto positivo en las actitudes del personal.

Impulsa el crecimiento. Una gran comunicación contribuye al crecimiento del negocio, que va de la mano con tu carrera. Elimina las incertidumbres y acelera el proceso de las políticas para asegurar una entrega sin problemas de los proyectos. Tomemos el sitio web de comercio electrónico Zappos, por ejemplo: su ética se basa en una gran comunicación dentro de la organización y con sus clientes, algo que les valió un lugar en la lista de 2015 de la revista Fortune de las 100 mejores empresas para trabajar.

Ayuda a la progresión de tu carrera. Tendrás que solicitar información, discutir problemas, dar instrucciones, trabajar en equipo e interactuar con colegas y clientes. Para lograr la cooperación y el trabajo en equipo efectivo, es esencial tener buenas habilidades de relaciones humanas. Además, como el lugar de trabajo también se está volviendo cada vez más global, hay muchos factores a tener en cuenta si quieres comunicarte bien en un entorno tan diverso. Ser capaz de transmitir mensajes con claridad y de comprender a otras personas significa que el trabajo puede realizarse de forma más eficaz y en beneficio de la empresa en su conjunto. Los empleadores quieren personal que pueda pensar por sí mismo, usar la iniciativa y resolver problemas, personal que esté interesado en el éxito a largo plazo de la empresa. Para que se le considere un miembro valioso de la organización, es importante no sólo poder hacer bien su trabajo, sino también comunicar sus ideas sobre cómo mejorar los procesos y los productos o servicios.

Esto te permite hablar de forma concisa. Es natural sentir algunos nervios cuando se habla con los superiores o con los clientes. El entrenamiento en habilidades de comunicación te ayudará a aprender la mejor manera de comunicarte efectivamente en una amplia gama de situaciones, y cómo ser directo para sacar el máximo provecho de tus tratos con los demás.

Construir una mejor relación con los clientes. Los clientes no desean nada más que sentir que son entendidos por una compañía y desean sentirse escuchados. Este es un punto particularmente importante si tu negocio involucra una gran cantidad de contacto con los clientes, ya sea cara a cara o por teléfono.

Influye en la forma de aprender. Las habilidades de comunicación han jugado una parte importante de tu conocimiento y creencias existentes. Aprendes a hablar en público primero teniendo conversaciones, luego respondiendo preguntas y luego expresando tus opiniones. Aprendes a escribir, primero aprendiendo a leer, luego escribiendo y aprendiendo a pensar críticamente. Las buenas habilidades de comunicación te ayudan a absorber información y a expresar tus ideas de forma clara, concisa y significativa a otras personas.

Mejora tu imagen profesional. Quieres causar una buena primera impresión a tus amigos y familia, instructores y empleador. Todos ellos quieren que transmitas una imagen positiva, ya que se refleja en ellos. En tu carrera, representarás a tu empresa o negocio de forma oral y escrita. Tu profesionalismo y atención a los detalles se reflejará positivamente en ti y te preparará para el éxito.

Aumenta la innovación. Si los empleados tienen miedo de comunicar sus pensamientos e ideas por temor a ser rechazados, entonces es probable que se estanquen en su carrera y sólo contribuyan con lo mínimo. Sin embargo, si hay una línea de comunicación abierta entre los supervisores y los miembros del personal, se les anima a ser más creativos e innovadores en el lugar de trabajo, y es probable que presenten nuevas y creativas ideas. En el acelerado lugar de trabajo de hoy en día, la mayoría de las ideas son probablemente empujadas bajo la alfombra debido a la falta de comunicación. Como el director general de Cisco, Alex Goryachev, escribe en Forbes: "La gente escucha sobre todo para responder en lugar de entender. Sin embargo, la digitalización exige escuchar activamente al ecosistema para sobrevivir y desarrollar estrategias de colaboración con empresas, socios y clientes de todo el mundo".

Gestión de la diversidad en la fuerza de trabajo. La buena comunicación es aún más importante si la fuerza de trabajo es diversa. Con una mezcla de razas, nacionalidades, géneros o creencias en el trabajo, es fácil que la gente se ofenda accidentalmente. Si las normas de promoción y revisión de los empleados no son claras, los trabajadores de las minorías pueden sentir que han sido discriminados. Las políticas explican claramente cómo la empresa aplica las recompensas y las sanciones pueden aclarar las cosas. Unas directrices claras que indiquen a los empleados cómo deben tratarse unos a otros ayudan a evitar conflictos no deseados.

Mejora la productividad. Poder comunicarse eficazmente en el trabajo puede ayudar a aumentar la productividad general. Los gerentes pueden entender los talentos y habilidades de sus empleados y luego darán instrucciones claras a las personas que mejor se adapten al trabajo, aumentando así el tiempo total de ejecución de cualquier proyecto. Por ejemplo, un colega puede ser más rápido y mejor en el uso de Excel que otros; por lo tanto, a través de la comunicación, un gerente puede identificar esto y encargarles la gestión de las hojas de cálculo. Si hubiera una falta de conversación, mientras tanto el proyecto sufriría, y todo el proceso se ralentizaría, afectando negativamente al objetivo de la empresa como resultado.

Aumenta la eficiencia. La falta de comunicación compromete la eficiencia, así como la calidad general del trabajo. Cuando las instrucciones no se dan con claridad, es inevitable que se produzcan errores. Por otro lado, unas instrucciones claras eliminan la necesidad de aclarar y corregir cualquier problema. Piensa en una época en la que no te comunicabas bien con un colega. Probablemente resultó en una pérdida de tiempo, esfuerzo y recursos. Así que, si tienes un gerente que no se comunica efectivamente, asegúrate de hacer las preguntas correctas para obtener la información que necesitas para completar con éxito un proyecto. Con el tiempo, entenderán lo que deben suministrarte para que puedas empezar a trabajar en tus tareas.

Aumenta la lealtad. Cuando tienes una buena línea de comunicación con la dirección, naturalmente vas a ser más leal a la organización. Te sentirás cómodo discutiendo cualquier asunto profesional o personal, y estarás más comprometido con la compañía. Esta línea de comunicación libre también crea confianza entre un gerente y un empleado, lo que resulta en una relación leal. Una línea de respeto bidireccional asegura que no hay microgestión involucrada y que se confía en que el empleado siga con el trabajo para el que fue contratado.

Reduce el conflicto y la mitigación. Dos personas en el lugar de trabajo pueden sentir que se están comunicando bien, pero como ambos tienen diferentes métodos de comunicación, se están malinterpretando. Por lo tanto, trabajar con personalidades diferentes requiere excelentes habilidades de comunicación para limitar cualquier conflicto en el lugar de trabajo. Si se experimenta un conflicto en el trabajo, es importante mirar más allá del tema en cuestión e identificar el proceso de pensamiento de la otra persona. Es necesario considerar el patrón de comunicación del receptor para comprender mejor lo que está tratando de decir.

Aumenta el compromiso del empleado. La buena comunicación va mucho más allá de hablar: se trata más de conectar y comprometerse con los demás. Cuando los equipos se comprometen, están más alineados con los objetivos de la empresa y generalmente están más motivados para trabajar hacia los objetivos establecidos. También es más fácil para los directivos identificar lo que hace que un entorno de trabajo sea positivo y satisfactorio, lo que les permite trabajar para lograr una vida laboral equilibrada para sus empleados.

Resuelve los problemas. Tiene que haber caracteres que chocan y opiniones que difieren dentro de cualquier ambiente de trabajo. ¿Y cuál es la mejor manera de resolver esos problemas? Una comunicación clara. La comunicación efectiva no se trata de quién tiene razón y quién no: ¡se trata de tener una discusión abierta, honesta y positiva para asegurar que se satisfagan las necesidades de todos! No siempre vas a estar de acuerdo con tu némesis de trabajo, pero si puedes encontrar una manera de trabajar bien con ellos, ¡harás que el ambiente sea mucho más agradable para todos los que te rodean!

Mejora las habilidades. Los gerentes pueden identificar los talentos ocultos cuando se comunican claramente con sus empleados. Haciendo esto, pueden aprovechar estas habilidades, y ayudar a mejorarlas, lo que contribuirá al éxito general del negocio. Por ejemplo, John puede ser contratado como representante de servicio al cliente, pero a través de la conversación, su gerente identifica que tiene experiencia previa en mercadeo. A continuación, John es transferido a la comercialización y se adapta mucho mejor al puesto. Sin embargo, si la falta de comunicación existiera, John se habría estancado más adelante y la empresa habría perdido un gran talento.

En cada aspecto de su trabajo, se le exigirá que se comunique de una manera u otra. Es importante entender cuán valiosa es la comunicación efectiva y el impacto que puede tener en tus relaciones y en tu progreso dentro del mundo del trabajo.

Capítulo 2. Escuchar Es Tan Importante Como Hablar En La Comunicación

Nuestros cerebros y nuestras tecnologías están programados para trabajar en contra nuestra cuando se trata de escuchar. Primero, tienes tus patrones cerebrales heurísticos buscando constantemente atajos para entender mejor la información para poder desconectarte y seguir adelante. También tienes las redes cerebrales que controlan tu juicio. Esta área se niega a aceptar información, ideas y personas novedosas que no encajan cómodamente en tus modelos mentales actuales. Añade a eso la tecnología que constantemente se aleja de tu capacidad de atención.

La escucha abierta viene de una mente abierta y enfocada. Claramente, tienes muchas cosas en tu contra. Pero no te preocupes, vamos a aumentar tu sentido de la conciencia y practicar el autocontrol.

Escuchar verdaderamente a alguien se ha vuelto anticuado. Esto es algo muy bueno. Convertirse en un gran oyente es una forma segura de destacar, llamar la atención y aumentar significativamente la probabilidad de crear comunicaciones que resuenen con la persona con la que se está hablando.

La mejor manera de aprender a escuchar es aprendiendo a evitar no escuchar, ya que escuchar en sí mismo es bastante sencillo. Los siguientes son los tres principales enemigos de la buena escucha. Apagarlos es la clave del éxito. Cuando empieces a caer en una de estas tres trampas, bofetea tu cerebro para salir de ellas. Después de todo, no es él quien está en control aquí, tú lo estás.

No formules una respuesta, nunca

Convertirse en un gran oyente puede ser extremadamente difícil si te gusta hablar mucho. No podemos evitarlo, queremos saltar y añadir algo a la conversación. Bueno, ahora es el momento de dejar eso para siempre. Cada vez que tu cerebro empieza a articular una respuesta mientras alguien más está hablando, date una bofetada mental. Saca todas las tonterías de tu cerebro y mantenlo abierto a las palabras que vienen hacia ti. Concéntrate en esas palabras.

Evita agarrar y cortar la frase

¿Quieres hacer que le desagrades a alguien? Córtales la mitad de la frase. O peor aún, secuestra una palabra o frase que alguien dice y empieza a hablar de eso en su lugar. Esto hará que toda la conversación se desvíe en una dirección diferente, asegurando así que te pierdas el mensaje. Además, te expondrá por lo que eres: un imbécil.

Cada vez que nos comunicamos, intentamos expresar una parte de nosotros mismos de alguna manera. No secuestres el momento de alguien o le cortes las rodillas. Es malo para ti y para ellos. Deja de pensar en eso. Aléjalo y mantente concentrado.

Apaga los sesgos cerebrales, los juicios y las conclusiones

Este es el hábito más difícil de practicar porque vas a tener que reconocer comportamientos que ocurren en las secciones de la computadora central de tu cerebro. Probablemente ni siquiera te das cuenta de que están sucediendo. De hecho, hay cientos de ellos y cuando se hacen cargo, tu cerebro deja de escuchar. El primer conjunto de programas se llama heurística: atajos bien intencionados que nuestros cerebros hacen para producir un juicio. Luego hay sesgos, que son atajos que nuestro cerebro toma para saltar directamente a una conclusión sin escuchar toda la información. El siguiente es un ejercicio para apagar esos programas, que debe hacerse si queremos ser grandes oyentes.

Suspende tus creencias

Imagina que estás escuchando a alguien hablar, alguien que no te gusta particularmente. Lo oyes hacer una declaración política incendiaria que te molesta bastante.

En realidad, fue en el momento en que decidiste que no te gustaba que tu cerebro empezó a filtrar información. Tu cerebro dejó de escuchar. Peor aún, escuchaste una declaración incendiaria. Cuando eso sucedió, tu cerebro lanzó un filtro mental completo que bloqueó aún más tu capacidad de escuchar. Estos filtros están diseñados para centrarse sólo en la información que confirma tus creencias. Casi todo lo demás se pierde. ¿Y ahora qué? Hora de la bofetada cerebral. Suspende tus creencias por el bien de escuchar.

Lo mejor viene preparado, lo que significa que vale la pena el esfuerzo mental para trabajar a través de tus propios prejuicios sobre una persona, o una idea, o una cosa, antes de escucharlos. Decide que vas a suspender tus creencias. En los conceptos de autogestión emocional, llamamos a esto, descondicionamiento de un desencadenante. Sabes cuándo te desencadenas. Ahora sabes que si respondes, te apagas, o no reaccionas, estás al menos en parte dentro de tu control.

Escucha Influyente

Desafortunadamente, toda la escucha no es creada igual. Está el tipo de escucha que hace que la gente quiera trabajar contigo, el tipo que hace que la gente te odie, y el espectro intermedio. Vamos a aprender a dominar el arte del tipo correcto de escucha influyente.

En la vida diaria, la mayoría de la gente trata la escucha como un acto de silencio. Sin embargo, ¿por qué desperdiciar una oportunidad tan excelente para influir en el orador cuando es su turno de hablar? Escuchar con influencia implica activar un buen lenguaje corporal y evitar las distracciones.

Contacto visual, expresiones faciales y "Deja de mirar tu teléfono por un maldito segundo"

El contacto visual es una técnica de lenguaje corporal esencial para la escucha porque mejora la capacidad de escuchar y le indica al hablante que es importante. Por contacto visual, no me refiero a mirar fijamente a la persona todo el tiempo, ya que eso puede ser un poco espeluznante, pero apunta a un mínimo de 80 a 90 por ciento de contacto visual. Es decir, cuando alguien está hablando, intenta mantener contacto visual con esa persona de un 80 a un 90 por ciento de las veces. Con la práctica, notarás que te conviertes en un mejor oyente con este simple truco.

Como una persona cuya cara muestra mis sentimientos, soy bastante terrible con esta habilidad. Sin embargo, cuando se trata de escuchar bien, tu cara debe ser atractiva para que la otra persona quiera hablar, o todo el ejercicio se vuelve inútil. Comprueba con tu cara cuando alguien habla. Siente los músculos de tu cara y suaviza esos músculos. Separar un poco los dientes es un truco común que los yoguis usan para practicar la relajación facial y crear calma mental. Además de mejorar tu concentración, esto te ayudará a actuar y a parecer un mejor oyente. Ya sea que estés nervioso, asustado o completamente enojado, mantén tu cara suave y abierta (como tu cerebro, querido oyente).

La percepción es la realidad. La mayoría de nosotros tenemos un exceso de confianza cuando se trata de habilidades. Pensamos que estamos por encima de la media de los conductores y que podemos hacer varias cosas a la vez. Desafortunadamente, todas las investigaciones muestran que la multitarea es una mentira que nos decimos a nosotros mismos. Cuelga el maldito teléfono y mantenlo abajo hasta el final de la conversación. Muéstrale a la gente que estás comprometido con ellos y con su mensaje.

Vestible

Una vez vi a un ejecutivo de una empresa revisar su reloj inteligente durante una reunión sin que nadie más en la sala se diera cuenta. Las tecnologías de vestir y otras tecnologías sin fisuras como ellas pueden ayudarte aquí si tienes el tipo de trabajo (u otro significativo) que requiere tu constante atención. Procede bajo tu propio riesgo y sé suave al respecto.

ENCONTRANDO EL SIGNIFICADO EN EL MENSAJE

Finalmente, la escucha activa es una búsqueda de significado. No sólo escuches las palabras, busca entender lo que el hablante realmente quiere decir. Al llegar a la raíz de las palabras de alguien es donde la escucha se transforma en una poderosa comunicación. La escucha implica el diálogo, hecho correctamente. Una vez que alguien ha hablado, ya sea tu jefe, tus seguidores de los medios sociales, o un compañero de trabajo particularmente desagradable, sumérgete.

¿Quieres beneficiarte más de la escucha? Las investigaciones demuestran que cuando los gerentes escuchan a los empleados durante seis horas a la semana, se incrementa el compromiso de los empleados en un 30 por ciento, se mejora la inspiración en el trabajo de los empleados en un 29 por ciento y se impulsa la innovación en un 16 por ciento. Esto significa que la implementación y la práctica de grandes habilidades de escucha en tu empresa puede impulsar las ganancias emocionales y financieras de tu fuerza de trabajo.

Haz preguntas abiertas

Según un artículo publicado en 2016 por la Harvard Business Review, los investigadores de la Universidad de Harvard encontraron que las personas que son percibidas como excelentes oyentes tenían una diferencia significativa en su enfoque: hacían cierto tipo de preguntas. Hacen preguntas abiertas y diseñadas para ayudar a la otra persona a entender mejor el tema de la conversación. Cuanto más profundamente se puede entender al orador, más fácil se hace la comunicación con él. Esto puede hacerse en una reunión de negocios o incluso a través de Instagram. Limita las preguntas a aquellas que requieran una respuesta larga, no sólo un sí o un no.

Evita las preguntas capciosas

Los malos oyentes eran los que se aferraban a una información y la llevaban en otra dirección. Recuerda evitar este tipo de secuestro de la conversación. Concéntrate en el tema mientras se desarrolla. Escuchar es un acto de paciencia.

Busca el por qué detrás de las palabras

Nuestro objetivo principal como comunicadores no es ser los que más mueven la boca o usan las palabras más extravagantes. Es conectar a la gente con un mensaje. Para ello, debemos saber lo que quieren y luego crear nuestro lenguaje para darles una versión de esto. Esto es lo que hace la gran comunicación. Por eso es exactamente por lo que escuchar es la primera habilidad de comunicación que estamos revisando.

A veces la gente simplemente quiere ser escuchada. Otras veces, quieren persuadir. ¿Pero por qué es eso? Busca el por qué detrás de la persona que habla.

Pide y recibirás

Haz preguntas abiertas que se basen en la conversación. Pueden ser tan simples como: "¿Puedes decirme más sobre..." o "¿Puedes darme un ejemplo?" o "¿Qué te llevó a creer esto?"

Las preguntas abiertas bien elaboradas invitan al orador a sumergirse más profundamente en la conversación. Esto te dará una mejor capacidad de escucha y una mejor comprensión de tu oyente y tu mensaje.

CONCEPTOS CLAVE

- Despeja tu cerebro
- Escucha con el propósito de escuchar realmente y no respondiendo
- Nunca interrumpas al hablante durante una frase
- No secuestrar un pensamiento mencionado
- Manténte en el tema
- Mantén el contacto visual
- Practica la conciencia Zen de tus expresiones faciales
- Escucha sin distracciones tecnológicas
- Haz preguntas abiertas que buscan un significado más profundo
- Evita las preguntas capciosas
- Busca entender a tu interlocutor

PREGÚNTATE

Escuchar es una habilidad clave. En la próxima conversación que tengas, evita que tu mente deambule o forme una frase. Pregúntate a tí mismo: "¿Estoy escuchando? ¿Estoy añadiendo al tema que estamos discutiendo? ¿Mantengo el contacto visual y un buen lenguaje corporal? ¿No estoy mirando mi teléfono o me estoy distrayendo?" Mi amigo y colega, Cameron Herold, me dijo recientemente que se sienta en sus manos cuando está escuchando para recordarse a sí mismo ser un oyente abierto. Ya sea que física o mentalmente se instruya, verifique sus habilidades de escucha cada vez que se comunique hasta que se convierta en algo natural.

Capítulo 3. La Capacidad De Comunicación Efectiva Y Su Importancia

La comunicación, simplemente, se define como el intercambio de información que hacemos entre nosotros y otros individuos. Este intercambio de información puede tener lugar en forma de hablar, escribir, signos, señales o comportamiento.

Si vives en este mundo, necesitas relacionarte con los demás a tu alrededor. Nadie puede sobrevivir sin que se satisfagan sus necesidades, y para satisfacer nuestras necesidades, nos guste o no, se requiere la ayuda de otros individuos para hacerlo. Y por lo tanto, necesitamos confiar en la comunicación para salir adelante.

La comunicación es una habilidad que muchos no piensan dos veces, pero es una de las habilidades más importantes que puedes tener a tu disposición. Si quieres saber lo que es no ser capaz de comunicarte o ser entendido, imagínate un momento en el que has ido a un país extranjero donde no hablas el idioma local.

De repente todo se vuelve más difícil, ¿no? Te esfuerzas por entender y hacerte entender, e incluso formas simples de comunicación como pedir direcciones parecen una tarea imposible. La comunicación, tanto verbal como no verbal, importa. Importa porque nos ayuda a relacionarnos y colaborar con la gente que vive en el mundo con nosotros.

Hay varias razones por las que es importante tener habilidades de comunicación efectivas en nuestra vida diaria, y esas razones incluyen:

La comunicación efectiva nos ayuda a formar relaciones

La base de todas las relaciones humanas es lo bien que puedes vincularte con otra persona. Dos personas empiezan como extraños, ¿y cómo forman un vínculo a partir de ahí? Empiezan comunicándose. Interactúan, empiezan a hablar y empiezan a conocerse y, poco a poco, empieza a formarse una relación, y empieza por ser capaz de comunicarse eficazmente con el otro.

La comunicación efectiva ayuda a expresar ideas y a pasar información

Piensa en todos los grandes inventos que tenemos en nuestras vidas hoy en día. Todos ellos se hicieron realidad porque los inventores fueron capaces de comunicar sus ideas brillantes al resto del mundo. La comunicación efectiva es la razón por la que la gente puede facilitar el proceso de información y el intercambio de conocimientos de forma tan fluida.

Sin ella, muchas de nuestras ideas, pensamientos y puntos de vista quedarían atrapados dentro de nuestras cabezas, y no sabríamos qué hacer al respecto. Si puedes dominar efectivamente el arte de la comunicación y hacer que sea fácil de entender para la gente, tus posibilidades de transmitir la información sin el peligro de ser completamente malinterpretado aumentarán mucho más.

La comunicación efectiva evita los malentendidos

Todos sabemos lo que sucede cuando la información es mal entendida o sacada de contexto. Surgen discusiones acaloradas, se producen peleas y a veces las relaciones se rompen porque la información malinterpretada provoca que se hieran los sentimientos o se golpee un punto sensible con alguien. Esa es otra de las principales razones por las que la comunicación efectiva es una habilidad tan vital de poseer. Usted existe en este mundo; necesita ser capaz de expresar sus mensajes claramente y al punto de minimizar las posibilidades de que vaya a causar problemas a usted y a la gente con la que está hablando.

La comunicación efectiva aumenta tu confianza

¿Alguna vez has notado cómo algunas de las personas más exitosas del mundo parecen rezumar confianza? Cuando hablan, el público se aferra a cada una de sus palabras. Eso es porque son capaces de comunicarse bien. Cuando puedes comunicarte de manera efectiva, tu autoestima y el nivel de confianza suben porque no dudas en absoluto de que puedes expresar y decir a la gente exactamente lo que quieres que sepan. Cuando puedes comunicarte bien, te das cuenta de que ya no eres tímido o estás incómodo cuando llega el momento de hablar, porque sabes exactamente qué hacer y cómo manejar la situación.

La comunicación efectiva le ayudará a llegar lejos

El éxito no se puede lograr si no eres capaz de transmitirte adecuadamente. Cuando a la gente le cuesta entenderte, ¿cómo podrán llevarse bien contigo? Si quieres tener éxito en todo lo que haces en la vida, necesitas con confianza ser capaz de comunicarse efectivamente, porque así es como te vas a diferenciar del resto. ¿Te das cuenta de que las personas más exitosas del mundo son las que pueden comunicarse sin esfuerzo?

La mentalidad para una comunicación efectiva

Antes de comenzar nuestro viaje a las conversaciones críticas, lo primero que tenemos que mirar y dominar es nuestra mentalidad. Lo que la mayoría de la gente no sabe, no se da cuenta o no acepta es que nuestra mente es el órgano más infrautilizado y más comprendido del cuerpo humano.

Con nuestra mente podemos lograr cualquier cosa que podamos imaginar, así como limitarnos a las tareas y posibilidades más básicas.

Cuando se trata de la mentalidad todo se reduce a lo que se quiere y lo que se está dispuesto a hacer o no hacer para lograrlo. Cuando se trata de la mentalidad, míralo como una moneda. Por un lado tenemos todo lo que queremos y deseamos, mientras que por otro lado de la moneda tenemos todas las excusas y cuestiones que nos impiden alcanzar nuestros objetivos. Para la mayoría de nosotros, sin embargo, caminamos por el borde de la moneda mirando hacia abajo a la cara brillante de nuestras esperanzas y deseos mientras favorecemos o escuchamos a las dudas y ecos del otro lado.

Aquí es donde comienza la conversación. ¿Qué lado de la moneda vas a elegir?

La imagen que tienes de ti mismo

La siguiente capa de nuestra mentalidad se encuentra en la imagen que tenemos de nosotros mismos. La forma en que nos vemos a nosotros mismos y la forma en que percibimos que los demás nos miran es un factor importante en nuestra mentalidad y en las acciones que emprendemos. Por ejemplo, si eres alguien que tiene sobrepeso, no habla bien, tiene una discapacidad o simplemente no se siente bien física o emocionalmente, tu imagen de ti mismo se verá afectada por esto. La otra cara de la moneda es que si eres delgado, bien educado, tienes muchos amigos y estás más sano que nunca tu imagen de ti mismo será mejor, lo que resultará en resultados y conversaciones más positivas.

Conocer tus habilidades y limitaciones

El tercer nivel de mentalidad es nuestro conocimiento personal y la comprensión de nuestras habilidades y limitaciones. Para empezar esto quiere decir primero que nadie es perfecto. Si crees que eres perfecto, entonces estás viviendo en un mundo delirante y te vas a llevar una gran decepción en la vida. Sin embargo, si sabes que no eres perfecto y puedes aceptar que tienes limitaciones, entonces tienes los cimientos para construir la forma y crecer.

Cuando conocemos y aceptamos nuestras limitaciones, podemos posicionarnos mejor en situaciones en las que nos sentimos cómodos y en control. Si nos sentimos cómodos y en control, es más probable que estemos en un mejor estado de ánimo para tener conversaciones más importantes con nuestras voces interiores. Sin embargo, si nos encontramos en situaciones en las que no nos sentimos cómodos, es nuestro trabajo reestructurar nuestra mentalidad para que funcione de manera positiva. Y podemos hacerlo con conversaciones críticas.

Eres una isla entre muchas

El último componente en lo que respecta a la mentalidad es uno del que rara vez se habla o al que se hace referencia. Este es el conocimiento de que eres una isla entre muchas. Lo que esto significa básicamente es que eres responsable de ti ante todo. Donde muchos de nosotros caemos en la trampa de la mentalidad es que pensamos primero en los demás en vez de en nosotros mismos. No estoy diciendo que tengas que ser egoísta y egocéntrico. Lo que digo es que al final del día, cuando todos los niños están dormidos, tú estás acostado en la cama despierto mirando al techo dejando que los eventos del día llenen tu mente, sabiendo que eres uno contigo mismo.

Las acciones que realizas o dejas de realizar te afectarán al final. Un día tus hijos se irán a la escuela, tu cónyuge se divorciará, perderás o encontrarás otro trabajo, conseguirás una casa nueva, un auto o ganarás la lotería o eventualmente morirás. Es cuando nos encontramos en estas situaciones, que realmente empezamos a tener estas conversaciones críticas con nosotros mismos. Saber cómo planeamos manejar estas conversaciones cuando lleguen determinará en última instancia sus resultados.

Desarrollar la asertividad en la comunicación

Una de las habilidades más vitales para ser un líder y comunicador efectivo es el desarrollo de la asertividad, que es claramente diferente de la agresión. La asertividad es defenderse a sí mismo y no centrarse en complacer a todo el mundo todo el tiempo. Esto se hace de una manera educada, firme y no ofensiva para los demás. La asertividad es tomar un enfoque balanceado, razonable y ganador que considera el bien general. Por ejemplo, "Prefiero ir a una cafetería relajada que a una cena fina en un restaurante" es una afirmación bastante firme. No pronuncia un juicio sobre lo que quieres. Le da a la otra persona la oportunidad de dar su punto de vista sobre ello también. Está mencionando sus preferencias de una manera racional y equilibrada.

La asertividad es aclarar sus necesidades sin usar la agresión o el dominio. Mientras que la agresividad implica el desprecio de los derechos o necesidades de la otra persona, la asertividad consiste en transmitir sus necesidades de una manera educada, firme y respetuosa.

A diferencia de la agresión que se centra en "yo gano y tú pierdes", la asertividad es una cuestión de ganar-ganar. Tomemos la versión agresiva de la declaración asertiva mencionada anteriormente. "No vamos a ningún otro sitio que no sea un café relajado". Esto no deja ningún margen para que la otra persona ofrezca sus puntos de vista.

La gente asertiva puede no estar de acuerdo con una persona. Sin embargo, respetarán el derecho de la persona a su opinión, creencias, ideas y preferencias. A menudo respetan el derecho de la persona a no estar de acuerdo.

"Podemos estar de acuerdo en estar en desacuerdo" es una declaración asertiva clásica. No abandonas tu postura, y también respetas el derecho de la otra persona a mantener su postura. Como persona asertiva, no permites que la gente te pase por encima y sepa dónde trazar la línea, mientras que también respetas los valores de otras personas. El respeto mutuo y la igualdad son las palabras de moda de la asertividad.

Aquí hay algunas estrategias para ser un comunicador más asertivo:

Un consejo secreto para construir una mayor asertividad es practicar frente a un espejo. Imagina que tu jefe, empleado, miembro del equipo, compañero o amigo está parado frente a ti. Haz un simulacro de interacción con ellos, en el que se te haga algo que no haces. ¿Cuál es la mejor manera de comunicar esto de manera abierta, educada, firme, genuina y no ofensiva?

Concéntrate en todo, desde tus expresiones, palabras y lenguaje corporal. Ten cuidado con el tono de tu voz. ¿Cómo enfatizas ciertas palabras para sonar más asertivo? ¿Cuándo haces una pausa para crear el efecto correcto de lo que acabas de decir?

Practicar esto durante un tiempo te ayudará a transmitir tu punto de vista de una manera educada y equilibrada.

Usa más que las declaraciones del "yo" para aceptar la responsabilidad de tus emociones, pensamientos, ideas y sentimientos. Por ejemplo, en lugar de "nunca deberíamos ir a ese restaurante" di, "creo que deberíamos evitar ir a ese restaurante". Evita que parezcas dictatorial o dogmático. Una vez más, si te sientes molesto porque tu pareja no contribuye al cuidado del bebé, puedes decir algo como: "Me siento muy molesto porque me despierto varias veces en la noche. Necesito tu ayuda para cuidar del bebé".

Siempre considera a las otras personas como una fuerza con la que trabajas o colaboras en lugar de trabajar en contra de ellas. Esto es aún más cierto en el ámbito laboral. Algunas personas siempre operan con la mentalidad de que alguien tiene que perder si tienen que ganar. Este no es un signo de asertividad.

Capítulo 4. Comunicación Oral Efectiva

La regla del 7%-38%-55%

En la comunicación, las palabras de un orador son sólo una pequeña parte de sus esfuerzos. El tono, la velocidad y el estado de ánimo de sus palabras expresadas verbalmente, y las pausas entre esas palabras pueden expresar más que lo que se está transmitiendo sólo con palabras.

Además, sus movimientos, postura y articulaciones a menudo transmiten una variedad de signos diferentes. Estas características no verbales pueden dar a la audiencia indicios significativos sobre la información relativa a las reflexiones y sentimientos del orador y, de esta manera, probar la veracidad de las palabras del orador.

El estudio más normalmente citado sobre esta cuestión es el de Albert Mehrabian, Profesor Emérito de Psicología de la Universidad de California, Los Angeles. Durante los años 70, sus exámenes proponían que tendemos abrumadoramente a razonar nuestras emociones, los estados de ánimo y las convicciones sobre lo que alguien dice, no por las palabras genuinas expresadas verbalmente, sino por la comunicación no verbal y la forma de hablar del orador.

La verdad, el Prof. Mehrabian evaluó esta inclinación: las palabras, la manera de hablar y la comunicación no verbal por separado representan el 7%, el 38% y el 55% de la comunicación individual.

De hecho, cuando las palabras de un orador junto con su comunicación no verbal contrastan, los miembros de la audiencia están obligados a aceptar la comunicación no verbal del orador, no sus palabras. Por ejemplo, si un individuo afirma "No tengo un problema contigo" mientras evade la conexión ojo a ojo, parece inquieto y mantiene una comunicación no verbal cerrada, la audiencia probablemente confiará en el tipo de comunicación predominante, que según los descubrimientos del Prof. Mehrabian es no verbal (38% + 55%), en oposición al significado estricto de las palabras (7%).

En mi opinión, hay dos posibles objeciones que pueden contrarrestar una interpretación demasiado simplista de la "Regla 7-38-55".

En primer lugar, no es fácil comprender cuánto cuenta el lenguaje paraverbal y no verbal en la eficacia de la comunicación.

Además, estas cuantificaciones son muy subjetivas y no pueden aplicarse universalmente a ningún contexto. El mismo Prof. Mehrabian nos ha advertido sobre esto.

Los componentes no verbales son especialmente significativos para la comunicación de las emociones y el estado de ánimo, sobre todo cuando son incongruentes: si las palabras y la comunicación no verbal difieren, se aceptará, en general, la comunicación no verbal.

Indicados por Mehrabian, los tres componentes explican de forma diversa nuestra preferencia por el individuo que transmite un mensaje relativo a sus sentimientos: las palabras representan el 7%, la forma de hablar registra el 38%, y la comunicación no verbal representa el 55% del disfrute.

Cuando se habla de una comunicación poderosa y significativa sobre los sentimientos, estas tres piezas del mensaje necesitan ayudarse mutuamente - deben ser "consistentes". Si se produjera alguna incongruencia, el beneficiario del mensaje puede ser perturbado por dos mensajes que se originan en dos canales únicos, dando indicaciones de dos maneras distintas.

El modelo acompañante debe ayudar a mostrar las inconsistencias en la comunicación verbal y no verbal. "¡No tengo ningún problema contigo!" El individuo se mantiene alejado de la conexión ojo a ojo, la mirada en el borde tiene una conexión no verbal cerrada, y así sucesivamente.

Resulta más probable que el beneficiario confíe en el tipo de comunicación dominante, que para los descubrimientos de Mehrabian es el efecto no verbal del tono y los gestos (38% + 55%), frente a la importancia exacta de las palabras (7%). Esto se conoce como "la regla del 7%, el 38% y el 55%".

Es imperativo afirmar que en una investigación separada, Mehrabian dirigió los exámenes que manejan la comunicación de las emociones y los estados de ánimo (es decir, el odio a los semejantes) y que el mencionado impacto desproporcionado de la manera de hablar y la comunicación no verbal termina siendo convincente justo cuando la circunstancia es vaga. Esa vaguedad se manifiesta en su mayor parte cuando las palabras expresadas verbalmente entran en conflicto con la manera de hablar o la comunicación no verbal del hablante (remitente).

El "principio del 7%, el 38 y el 55%" ha sido juzgado erróneamente en general. Con frecuencia se garantiza en cualquier comunicación que el significado de la información se transmite principalmente mediante el uso de indicaciones no verbales y no a través de la importancia de las palabras. La especulación de los - al principio inconfundibles estados en sus análisis es el error normal hecho en conexión con el estándar de Mehrabian.

Este examen es una actualización útil, si no exacta, de que los estímulos no verbales pueden ser más importantes y reveladores que los verbales. En este sentido, para ser viable y convincente en nuestra comunicación verbal - en presentaciones, charlas abiertas o comunicación individual - es básico complementar nuestras palabras con el tono y la voz correctos y la adecuada comunicación no verbal.

Estilos de comunicación

El trabajo de la Dra. Eileen Russo se muestra debajo. Demuestra que hay dos medidas distintas en los estilos de comunicación: el grado de cómo expresar uno mismo y el grado de énfasis.

Cada imagen habla de un estilo de comunicación alternativo. Los individuos pueden caer en cualquier lugar dentro de cada cuadrante, fusionando consistentemente más de un estilo particular sobre los otros más allá del punto medio. Toma nota de que los estilos de comunicación más enfáticos tienden a dictar a los demás lo que tienen que hacer. Mientras que los estilos de comunicación menos decisivos tienden a pedir a los demás lo que debe ser terminado.

Los estilos de comunicación más expresivos, en general, demostrarán sus sentimientos externamente, el discurso y el tono. Los menos expresivos elegirán no expresar sus sentimientos o trabajar en ellos. A continuación se encuentran los cuatro estilos de comunicación fundamentales. En los segmentos que lo acompañan, echaremos un vistazo a los atributos fundamentales de cada estilo de comunicación y a algunas cosas que puede hacer para ayudar a su comunicación con cada tipo.

Estilo de comunicación con espíritu

El estilo de comunicación enérgico está interesado en un "plan maestro". Los que usan este estilo son los visionarios, los creadores y los pioneros de la reunión. Su comunicación puede estar llena de pensamientos fantásticos y exageraciones que, en general, serán influyentes para otros desde el principio.

No son, en todos los casos, verdaderamente expertos en hablar de sutilezas y tienden a hacer que las historias parezcan más fantásticas de lo que pueden parecer. Es común que las personas que son comunicadores enérgicos se salgan por la tangente.

Su comunicación verbal compuesta puede tender a sonar más sensacional. Aunque pueden ser excepcionalmente atractivos, conseguir que transmitan con claridad sobre puntos específicos puede requerir la ayuda de otra persona para dirigirlos a través de una discusión y mantenerlos en el camino, llevándolos de vuelta al tema actual.

Consejos sobre cómo relacionarse y comunicarse si se utiliza un estilo enérgico:

- Cuando pienses en nuevos planes para compartir, piensa también si tienes recomendaciones sobre el método más competente para poner esos pensamientos en actividad.
- Respeta los planes establecidos para llevar a cabo las reuniones.
- Trata de restringir el compartir historias individuales que se desvíen del tema de la discusión.
- Asegúrate de permitir a otros compartir tus pensamientos y recomendaciones mientras que al mismo tiempo, estás sintonizando.

- Asegúrate de que cualquier solicitud que hagas sea clara, y que cualquier pregunta esté abierta a ser hecha.
- Comparte tu gratitud por otras personas que han trabajado y se han esforzado.

Consejos sobre cómo relacionarse con los individuos con el estilo de comunicación enérgico:

- Usar la motivación con puntos de ruptura de tiempo registrados para cada tema.
- Elógialos antes que otros individuos.
- Aprende a desviar la discusión hacia el tema actual con delicadeza.
- Comprende que pueden tergiversar.
- Desafíalos a separar sus "grandes pensamientos" en resultados y pasos precisos.
- Acuerda ayudarles en lo que puedas en lo que estén dispuestos a participar.
- Usa el registro u otras actualizaciones compuestas como una forma de ayudar a transmitir lo que debe ser terminado.

Ejemplos del estilo de comunicación enérgico:

Cuando se habla con alguien que tiene espíritu, puede ser un desafío tratar de mantenerlo en el tema que se está tratando. Lo que es más, cuando tienes su atención, mantenerla es otro tema completamente distinto. Encontrarás que la consistencia es esencial al hablar con personas enérgicas. Si puedes acostumbrarlos a un arreglo o estrategia específica de comunicación, será más sencillo mantenerlos enfocados y comprometidos. Esto no significa escoger continuamente el correo electrónico en lugar de elegir el teléfono sólo porque es su preferencia. Sin embargo, significa utilizar regularmente consultas de seguimiento o monitorear una premisa estándar para verificar si ambos están todavía de acuerdo.

Este es un caso de una comunicación decentemente compuesta a un individuo enérgico.

¡Hola, Sally!

¡Pienso que tu presentación de ayer fue increíble! Me encantó la forma en que hiciste que el grupo de espectadores participara en la sesión.

Me imagino que sería una decisión extraordinaria para el segmento instructivo de nuestra próxima reunión ejecutiva. El

Consejo de Administración necesita algunos datos sobre los patrones financieros cercanos, sin embargo, de una manera que no sea demasiado agotadora o enrevesada.

¿Preferirías hablar de esto durante el almuerzo? Estoy libre el jueves o el viernes de esta semana. Infórmame sobre si esos dos días te servirán.

¡Te lo agradezco mucho!

George

¿Por qué razón funcionaría esta comunicación para un individuo enérgico? Es enérgica, integral y complementaria a Sally.

Estará satisfecha de que hayas visto su primera presentación y confiará cada vez más en que quieras que lo repita.

Por supuesto, está seguro de tener a un individuo excepcionalmente enérgico en tus manos en el almuerzo. Así que prepárate. Podrías traer un diagrama de los puntos que necesitas cubrir en la introducción.

Solicita su información y asegúrate de que has organizado suficientes oportunidades para que ella la dé. En ese momento, ayúdala a escribir los pensamientos y anótalos para ella. Enviar un correo electrónico o una nota posterior ayudará a garantizar que ambos están en una página similar también.

Ten en cuenta que el individuo enérgico es valioso por cada una de sus habilidades y cada pizca de emoción, así que con un poco de estructura alrededor de tus interacciones, puedes tener éxito en la comunicación sin sofocar las mismas características que ellos traen a la mesa.

Estilo de comunicación directa

Como se demuestra en la tabla de estilos de comunicación, los individuos con un estilo de comunicación directa son profundamente decisivos y no expresivos. En general, instruirán a los demás en lugar de preguntarles lo que piensan que se debe hacer, y no indicarán sin esfuerzo sus sentimientos en sus comunicaciones con los demás. Su estilo de comunicación pretende ser práctico.

Sin embargo, los demás no siempre lo ven así. Pueden parecer rápidos y fríos a otras personas, que pueden pensar en su estilo de comunicación literalmente.

Este estilo permitirá que los demás sepan exactamente cómo se sienten antes de pasar al siguiente tema, no porque traten de ser inestables, sino porque están tratando de aprovechar el tiempo.

Generalmente no se detendrán para sintonizar con otras personas, sin importar si los demás tienen algo significativo que aportar. Pueden parecer inquietos y dominantes de vez en cuando, pero no se pretende que sean recibidos de esa manera.

Están tratando de concentrarse en los resultados en lugar de en los sentimientos. Expresarán sus verdaderos pensamientos, sin importar si puede ser desagradable para otras personas. Trata de no anticipar que discutirán sus propias vidas, les gusta mantener los negocios y cuestiones individuales aisladas. No se dan por vencidos y, en ocasiones, podrían ser considerados como contundentes en lugar de decisivos debido a la forma en que expresan sus valoraciones.

Consejos sobre cómo comunicarse mientras se tiene un estilo de comunicación directa:

- Escuchar siempre completamente a otras personas y abstenerse de obstaculizar.
- Crear tiempo para "hablar" hacia el inicio de una reunión.
- Permita que los demás expresen sus sentimientos sobre los puntos.

Reconocer que conceptualizar puede ser útil y no sólo un "derroche de tiempo".

Capítulo 5. Obstáculos Principales Y Comunes Para Tener Una Comunicación Efectiva

¡Conoce tus obstáculos!

Una buena idea es preguntar a las personas que más ves sobre lo que deberías mejorar en ti mismo (o incluso cambiar totalmente) en lo que se refiere a tu forma de comunicarte. Puede parecer una idea extraña al principio, pero créeme, es una de las más efectivas formas de transformación interna. Sus amigos, familiares o compañeros de trabajo (interlocutores en general) pueden ver a menudo algunos aspectos de su comunicación (a veces tan sutiles como el tono de voz, la expresión facial, etc.) que desconoces por completo. Ahora, deja que te cuente los obstáculos más comunes en tu camino para convertirte en un comunicador efectivo. Tómae un momento para reflexionar sobre cada uno de estos puntos muy profunda y honestamente. No hay necesidad de engañarte a ti mismo. Respóndete a ti mismo: ¿estás haciendo estas cosas a menudo?

Jugando a ser un juez

¿Quizás estés seguro de que tu forma de percibir el mundo es la única correcta? Si tiendes a mostrar conductas de juicio, puedes tener una tendencia a interpretar los mensajes de tu interlocutor a través de filtros mentales de estereotipos o de tus propias creencias y experiencias. Sentir que eres el único que tiene derecho a tener razón resultará ser erróneo e injusto.

Sentir la necesidad de terminar las palabras de otras personas

Es muy frustrante para la gente que te rodea y puede hacer que no quieran continuar la conversación, aunque no te lo digan directamente. En algunos casos, si sucede constantemente, puede incluso contribuir a la terminación de sus relaciones porque un oyente no trata de analizar lo que un remitente está tratando de decir. Si eres un interruptor frecuente, haz todo lo que puedas para detener esta tendencia. Podrías, por ejemplo, imaginarte a ti mismo como un periodista realizando una entrevista con un VIP, en seria necesidad de obtener la mayor cantidad de información posible sobre la otra persona.

Tío Buen Consejo

Cuando compartes tus observaciones y das consejos a los demás, casi siempre sientes que puedes ayudarles o contribuir a resolver sus problemas. Retrocede y tómate un momento para pensar en cómo te sientes cuando otras personas te dan constantemente sus consejos (especialmente los no deseados). ¿Cómo te hace sentir? En lugar de hacer de buen tío y dar tus "consejos útiles" a todo el mundo ("Si yo fuera tú, yo..."), intenta ponerte en el lugar o situación de tu interlocutor y reflexionar sobre cómo te sentirías cuando algo así te ocurriera. Eventualmente, puedes dar consejos si ese es tu campo de experiencia o si te lo piden. Solo un consejo suficiente y no demasiado, solo un intento honesto de comprender profundamente a tu interlocutor y nada más.

Moralizador

Similar al "Tío Buen Consejo", pero aún peor ya que es totalmente inútil. ¿Tu estilo de conversación tiene rasgos de moralizador? "Todo hombre inteligente puesto en tu lugar..." "¡No puedes decir eso a la gente!" "¿Quién te crees que eres?"

"¿Cómo puedes escuchar este tipo de música tan desagradable?" "¿Cómo puedes usar esta ropa de colores brillantes todo el tiempo? Si yo fuera tú..." "¡Cuando tenía tu edad nunca...!" ¿Son estas las frases que dices a menudo? Si la respuesta es sí, piensa realmente en lo que quieres conseguir diciendo estas cosas. Intenta evitar ese tipo de frases tan a menudo como sea posible, a menos que quieras ser percibido como una vieja tía jorobada y gruñona con un interminable dolor de cabeza, dolor de espalda crónico y un ardiente odio por los lindos animales pequeños.

Ser "El Hablador"

Tal vez tengas tendencia a hacer demasiadas declaraciones frecuentes y excesivas, lo que significa que tu boca rara vez se cierra. Por un lado, puede ser una característica de lo abierto que seas, tu conocimiento o alta inteligencia. Por otro lado, tal necesidad de una constante auto-expresión puede ser abrumadora para otros.

Esta característica rara vez se requiere en situaciones cotidianas (sólo a veces, cuando conoces a alguien por primera vez, cuando es tímido y quieres iniciar la conversación) y dificulta la recepción de información genuina sobre otras personas (y también la retroalimentación sobre ti mismo) durante la conversación. Es como estar con un loro o un actor ensayando su molesto monólogo por quincuagésima vez antes de una gran obra. Este fue mi gran obstáculo y la razón por la que pude salir con muchas chicas bonitas en mis días de instituto, pero sin la posibilidad de un segundo o tercer encuentro. Simplemente hablaba demasiado y rara vez las escuchaba y me llevó muchas primeras impresiones arruinadas y noches de insomnio para darme cuenta de eso. Probablemente se sintieron como si estuvieran cenando o en un paseo con una pantalla de televisión. Muchos hombres tienen problemas con eso.

Incluso hoy en día puedo hablar MUCHO y una vez que empiezo a disparar palabras, a menudo tengo que forzarme a mí mismo a detenerme, pensando, y "Tranquilo, tendrás tiempo para decir todas estas cosas, pero todavía no". No estás aquí solo! Tranquilízate, amigo".

La gente que no te deja hablar

Al contrario de lo anterior, podrías tener una tendencia a la sumisión en las relaciones con los demás. ¿Tienes la impresión de que a los demás no les interesa tu opinión? ¿Te encuentras a menudo en situaciones en las que tu interlocutor se aprovecha de tu atención y no te deja hablar? Piensa en la razón que hay debajo de tales situaciones.

Tal vez tengas una mala opinión de ti mismo ("No tengo nada interesante que decir"). Tal vez tienes miedo de las reacciones de los demás cuando quieres interrumpir una conversación o simplemente añadirle algo. No dejes que eso suceda. Tienes el mismo derecho a hablar como otros lo han hecho. Si te sientes mal durante una conversación (alguien te abruma por su forma de hablar), simplemente detenlo, díselo educadamente o intenta cambiar de tema. No malgastes tu tiempo y energía.

La frase clave es: "Entonces, me estás diciendo..." Es una gran herramienta de navegación para usar en conversaciones con personas que suelen saltar de un tema a otro y hablar de cien cosas diferentes en cuestión de minutos. Tengo un socio que tiende a perder la pista a menudo en sus conversaciones. Realmente es un gran conversador. Si lo llevas a una reunión de negocios y le pides que te diga rápidamente cómo se puso en el negocio de la venta al por menor y cuáles eran sus antecedentes, te diría algo como: "Bueno, esa es una pregunta interesante. En 1979, yo era un desertor de la escuela militar. Antes de eso, originalmente quería convertirme en piloto porque siempre quise que me pagaran para jugar con los juguetes de los adultos, y ya sabes, los aviones militares son tan fascinantes. No sé si has oído hablar del nuevo proyecto de aviones de sigilo del ejército de EE.UU., pero pueden volar sobre la estratosfera y están equipados con lo más nuevo..." y entonces te diría todo lo que sabe sobre los militares, los soldados, sus familias, sus amigos y sus perros. Probablemente le encantaría contarte una historia más larga que las nueve temporadas de "Cómo conocí a tu madre" juntas.

Lo que tienes que hacer para interrumpir educadamente en esa situación es tomar cualquiera de las últimas frases que esa persona dijo y repetirla, precediéndola con, "Así que, me estás diciendo". Así que si mi amigo llegara a ese punto, le diría algo como: "Entonces, ¿me estás diciendo que estos nuevos aviones pueden volar muy alto, verdad?"

Y normalmente cuando le dices algo así a la gente, responden diciendo: "Sí, te estaba diciendo eso... pero ¿por qué me lo preguntaste?" y luego vuelven a la pista. "Ah sí, soy ingeniero mecánico." O si olvidan la pregunta original, sólo tienes que repetirla y llegan directamente a la respuesta que querías oír, pero no se ofenden porque los interrumpas, porque los interrumpiste mostrando que los estás escuchando atentamente al mismo tiempo. Como un comunicador efectivo, a veces tendrás que llevar la conversación a donde tiene que ir.

Palabras reconfortantes

No hay nada malo en consolar a alguien, al menos a primera vista. Cuando consolamos a alguien, tenemos buenas intenciones. Queremos mostrar que una cierta situación no es tan mala como podrían pensar, y que mejorará. Pero los clichés gustan: "No te preocupes, mañana habrá un nuevo día", "Otros pueden estar en una situación peor que la tuya", o un dicho muy común, "¡Mantén la cabeza en alto!" suelen tener el efecto contrario. Estas frases suelen mostrar un bajo nivel de capacidad de comunicación. Elimínalas de tu lista de reacciones habituales. Lo que puedes hacer en su lugar es este simple proceso: Eso podría ser, por ejemplo: "¿En serio? Eso es lo que la gente espera oír en lugar de: "No está mal" o "No te preocupes", lo que significaría que están exagerando, exagerando o creando un problema artificial.

Perder la concentración

¿Quizás también es difícil para ti mantenerte concentrado o enfocarte en algo por períodos de tiempo más largos? Tal vez a menudo muestras tu impaciencia de forma no verbal. Si ese es el caso, deberías dedicar un buen tiempo a mejorar tu concentración.

Al dominar la capacidad de concentración en lo que otras personas te dicen, obtienes información más valiosa. Esto te permite concentrarte en los beneficios reales de conectar con los demás y también te permite estar ahí, en el momento, lo que no sólo te hace mucho más simpático, sino también más eficaz como comunicador.

Ahora recapitulemos rápidamente lo que acabas de aprender sobre los obstáculos básicos de la comunicación. Para comunicarse de manera efectiva y evitar las tendencias de distracción mencionadas anteriormente, tienes que recordar algunas reglas básicas:

1. No juzgues a los demás; trata de separar tus propias interpretaciones de lo que realmente dijo tu interlocutor.

2. Escuchar pacientemente toda la conversación y parafrasear a menudo - esto último hace que ensayes lo que se te acaba de decir y evita que tu mente se aleje. No sólo eso, sino que también crea una muy buena impresión de un oyente genuino.

3. En lugar de dar consejos todo el tiempo, presta atención y muestra disposición a encontrar algo interesante en tu conversación.

4. Dale a la gente con la que hablas la oportunidad de mostrar sus creencias, incluso si son muy diferentes a las tuyas. No muestres desaprobación en forma de moralidad, como "No está mal, pero cuando tenía tu edad...", o, "Pero lo haría de forma diferente y más eficiente", etc.

5. Trata de notar las sutiles reacciones emocionales de tu interlocutor (tienes que mirarlas realmente cuando hablas) para saber si tus expresiones están demasiado expandidas o no.

6. Recuerda que tienes el mismo derecho a expresarte que todos los demás. Si te sientes abrumado, no dejes de decir a las personas que hablan demasiado que lo desapruebas.

7. En lugar de consolar con clichés cursis, aprende a mostrar interés y aprobación a tu interlocutor.

8. Trabaja en tu concentración (por ejemplo, aplicando técnicas regulares de meditación y relajación), y trata de entender las verdaderas intenciones de los demás.

9. Si es posible, comunícate cara a cara. Hoy en día, tenemos una plaga de peleas en Facebook y en el correo electrónico, discusiones serias e incluso rupturas. Cuando no ves con quién estás hablando, no puedes reconocer sus emociones. La comunicación escrita es también a menudo deshonesta: la gente

acusa a alguien de algo o lo ofende y lee la respuesta cuando quiere (o nunca), sin dar a la otra persona la oportunidad de una reacción directa. Pobre y débil... pero desafortunadamente cada vez más común. Es tan fácil esconderse bajo la pantalla del ordenador, pero es difícil decir estas cosas cara a cara.

Capítulo 6. Comunicación Enfática

Puede describirse mejor como una forma de pasar o recibir información mientras se consideran las acciones de uno. Incluye tener en cuenta los pasos de una persona, cómo realiza los pasos, por qué realiza las actividades y el efecto que los pasos tienen en otras personas. Este tipo de autoconciencia hace que sea más fácil para las personas comunicarse y conectarse con otras personas. Para cualquier tipo de relación, la comunicación enfática es primordial, porque permitirá a las personas de la asociación identificarse con los sentimientos de la otra persona y comunicarse de una manera que haga no les afecte negativamente.

La comunicación enfática hace que sea más fácil para uno expresar sus sentimientos, ideas, y tener una mejor oportunidad de responder correctamente a otras personas. Es una habilidad importante de tener, porque mejora la capacidad de una persona de desempeñarse, al mismo tiempo mejorando la habilidad de otras personas para funcionar. Así, aumenta la eficiencia, la amabilidad y la eficacia.

Promulgando la escucha enfática en una relación

Haz preguntas

Para iniciar una conversación, es mejor empezar haciendo preguntas. El tipo de preguntas que se proponen para iniciar una conversación tiene que ser neutral. Esto significa que los temas delicados como la religión, la política y el género tienen que ser evitados.

Hacer preguntas asegura que una persona considere primero los sentimientos de la otra persona, y aprenda rápidamente su opinión sobre temas que no son tan neutrales.

Evitar juicios

Cada persona en la tierra tiene un sesgo, y esto es especialmente cierto cuando se trata de temas sensibles. Por lo tanto, para promulgar una comunicación enfática, uno debe evitar juzgar. Uno debe escuchar con atención, y abstenerse de juzgar a la otra persona a toda costa. La otra persona de la relación debe sentir que se le escucha y que se comprende su punto de vista. En pocas palabras, al comunicarse con alguien, el oyente debe ser capaz de caminar una milla en los zapatos de la otra persona, y entender su punto de vista. En caso de que haya argumentos, deben ser presentados de una manera que no sea sentenciosa.

Presta atención

No hay nada tan desconcertante como hablar con alguien que no está prestando atención activamente al proceso de comunicación. Hace que una persona pierda el interés y no se abra tanto como quisiera. Por lo tanto, la comunicación segura debe lograrse prestando atención a la persona que habla, ya sea en un grupo o en un entorno privado. Las distracciones como el ruido, los teléfonos y otros artilugios deben eliminarse, y el orador recibe toda la atención. Esto permitirá al oyente identificar los sentimientos del orador leyendo el lenguaje corporal y responder en consecuencia.

Abstenerse de dar consejos no solicitados

Una trampa popular en la comunicación enfática es dar consejos o compartir el punto de vista de uno, incluso cuando el orador no lo buscó. A veces, todo lo que una persona quiere es ser escuchada. Dar consejos que no han sido solicitados impide este proceso, y la persona no podrá comunicar sus sentimientos de manera efectiva.

Por lo tanto, para que la comunicación empática ocurra, abstente de dar consejos, a menos que el orador los pida directamente. Además, es bueno compartir la opinión sobre un tema.

Sin embargo, lo que comunica al orador es que el oyente es egocéntrico y no considera los sentimientos de otras personas. A veces, dar un consejo puede generar resistencia de la otra parte, y dejan de comunicar lo que querían transmitir. Por lo tanto, el objetivo de la conversación debe tenerse en cuenta en todo momento durante el proceso de comunicación.

Elevar los niveles de atención por medio del auto-desprendimiento y disminución de la autocentralización

Ver un punto desde el punto de vista o la experiencia de otra persona es difícil, y tiene que aprenderse. Por lo tanto, para aumentar la atención, uno tiene que desprenderse de sus experiencias y prejuicios, y prestar atención a la otra persona. Ayuda a una persona a estar en el momento, y a entender únicamente lo que se está diciendo en el momento.

El egocentrismo es un rasgo humano inherente porque ayuda a la gente a sobrevivir. Ayuda a la gente a identificar lo que es correcto para ellos y ayuda en el proceso de toma de decisiones. Sin embargo, puede impedir la comunicación empática porque uno se quedará ciego ante la realidad de la otra persona. Por lo tanto, debería producirse la autodescentralización, y la existencia del otro interculador debería ser más crítica. Es la única forma en que puede producirse la comunicación empática.

El auto-desprendimiento y la descentralización aumentan los niveles de atención, al escuchar, uno no estará haciendo conexiones con la información dada a su propia vida. En cambio, el oyente comprenderá la información proporcionada, sin prejuicios ni juicios.

Lee el discurso del orador

La gente podría comunicar una cosa y significar la otra. Nos pasa a la mayoría, especialmente cuando estamos nerviosos o tenemos miedo al juicio. Sin embargo, el lenguaje corporal no miente y siempre traicionará lo que el orador quiere decir. Es por eso que el el oyente debe leer el altavoz.

Un oyente debe estar atento a las emociones que hay detrás de lo que se dice. Ayudará en el proceso de comunicación enfática porque el oyente será capaz de relacionarse con los sentimientos que tiene el orador. También ayudará al dar respuestas, mientras que el orador entenderá cómo dar las respuestas.

Leer el lenguaje corporal también ayuda a entender la información que se está dejando de lado. Es difícil dejar salir alguna información, pero uno puede dejar salir fragmentos de ella. Depende del oyente leer entre líneas y asegurar al orador que entiende lo que está tratando de comunicar.

Esta habilidad ayuda en el proceso de comunicación dinámica porque lo pone a uno en el zapato del orador. Mejora la efectividad y las conexiones hechas durante el proceso de comunicación. El hablante tiene más probabilidades de abrirse cuando está siempre seguro de que su mensaje llegará a casa.

Actúa

La comunicación enfática es satisfacer las necesidades de la otra persona. Por lo tanto, después de ser comunicado, uno debe tomar medidas y encontrarse con la otra persona en el punto de sus necesidades. No tiene que ser la acción correcta, sino cualquier actividad que pueda ayudarles a superar su situación.

Una persona puede comunicar que no parece que pueda controlar sus finanzas. Una acción que se puede llevar a cabo es enseñarles métodos sencillos de ahorro, remitiéndolos a alguien que pueda ayudarlos. La parte más importante es que su opinión tiene que ser sobre cuál es la mejor decisión que pueda tomar por sí mismos.

En una relación, la empatía no sólo debe practicarse cuando hay una crisis. Debería ser algo que se debería hacer en todo momento. Por lo tanto, en cada conversación mantenida, uno debe ser capaz de ver el punto desde el punto de vista de la otra persona, en cualquier situación. Los juicios no deben ser comunes, y uno debe esforzarse por ampliar su perspectiva en muchas cuestiones.

Las acciones ayudan a construir una comunicación enfática porque comunican que una persona es confiable, y es probable que el oyente se comunique la próxima vez que tenga un problema.

Comprender que la percepción es todo

La psicología afirma que la empatía implica comunicación y percepción. La comunicación puede ocurrir en cualquier momento, pero la percepción es muy importante, especialmente cuando uno quiere construir una conexión enfática.

Las personas a menudo entienden lo que quieren, dependiendo de sus experiencias y antecedentes. Así, lo que se comunica puede no ser lo que se va a entender. Stephen Covey dijo una vez que "Muchos ni siquiera escuchan con la intención de entender; ellos escuchan con la intención de responder." Lo ideal es que mucha gente hable o escuche con la intención de responder. Por lo tanto, las conversaciones son como monólogos porque son desde el punto de vista de una persona.

La percepción lo es todo porque desarrolla una comunicación enfática. Permite a una persona entender lo que está pasando dentro de otro ser humano, y esto ayuda a que cualquier acción que se realice a partir de ahora sea desde el punto de vista de otra persona. También asegura que las conversaciones productivas se lleven a cabo porque será desde el punto de vista de cada persona involucrada.

La percepción también previene el conflicto debido a la comprensión que debe tener lugar en el curso de la conversación. Así pues, para asegurar la comunicación empática, se debe hacer una percepción de su prioridad, y entender que siempre hay más que lo que se ve o se dice.

Conectar con el medio ambiente

Todo el mundo necesita aprender, y también tiene algo que enseñar a los demás. Por lo tanto, una persona debe hacer su objetivo de conectarse con la gente en el fondo. Amplía el punto de vista de una persona y desarrolla su capacidad de ver la vida desde diferentes perspectivas. Estar encerrado es una limitación, y dificulta dramáticamente las habilidades de comunicación de una persona.

Capítulo 7. Pequeña Charla Para Construir Una Gran Relación

Ahora que hemos abordado la escucha activa, pasemos a otro secreto de comunicación y compenetración eficaz: la charla. Las charlas pueden, de hecho, crear una gran magia cuando se trata de sorprender a la gente y construir relaciones duraderas. Hay algo en la gente que ha dominado la charla. Son encantadores, irresistibles, y poseen la habilidad de arrastrar a la gente instantáneamente. Este magnetismo y carisma les ayuda a escalar vertiginosas alturas de popularidad. ¿Alguna vez has notado cómo algunas personas casi siempre se las arreglan para ser multitudinarios en cada fiesta o evento? Estos son los habladores simplistas que hacen que la gente se sienta cómoda y absorta en una conversación.

Todos conocemos a alguien que se esfuerza por conectar con los demás o por crear una relación favorable. La persona sabe exactamente qué decir y cómo decirlo para crear el efecto deseado. ¿Cómo se las arreglan para captar la atención de la gente cada vez? Hablar poco o hacer conversación no es un rasgo innato. Es algo que la persona ha dominado durante un período de tiempo, ¡y tú también puedes hacerlo!

Hacen que parezca sin esfuerzo y sin problemas. Parece que estos expertos conversadores nunca pueden decir nada malo.

¿Cuál es el secreto para ser un increíble imán de gente que los expertos en conversación han dominado, y otros no lo saben? Confía en mí- no hay ninguna varita mágica o genio involucrado. Hay muchas posibilidades de que estas personas hayan estudiado y conquistado el arte de establecer una relación con los demás a través del poder de la charla. La charla puede ser enorme cuando se trata de construir una relación favorable con la gente y conectar a un nivel más profundo o más subconsciente.

Un estudio ha revelado que cuando nos encontramos con alguien por primera vez, a la persona le toma sólo 4 segundos para construir una impresión sobre nosotros, que en gran medida permanece igual a lo largo de nuestras futuras interacciones con ellos. Piénsalo, tienes sólo 4 segundos para causar una impresión positiva en la gente. ¿Suena aterrador?

La idea es dar a la gente un sentido de pertenencia y afiliación para que se sientan cómodos en tu compañía y para que la primera interacción sea memorable.

Estudios en la Universidad de Michigan han demostrado que la charla y las interacciones reflexivas aumentan nuestros mecanismos de resolución de problemas. La comunicación constructiva y significativa incluye hacerse con los pensamientos de otras personas y tratar de ver las cosas desde su perspectiva. Esto es vital cuando se trata de considerar un problema desde diferentes ángulos y llegar a una solución. Ayuda a la gente a desarrollar un pensamiento estratégico, habilidades de resolución de problemas y pensamiento lateral.

¿Pensaste en por qué algunas personas casi siempre tienen éxito cuando se trata de hacer amigos, tomar bebidas de cortesía en el bar, hacer inolvidables conversaciones, y en general, arrastrando a los demás? La respuesta, en palabras simples, es una pequeña charla. Es realmente crítica cuando se trata de dar una primera impresión favorable, y hacer que se interesen en interactuar contigo más a menudo.

Sí, la charla trivial parece ser una tarea gigantesca para algunas personas. Se ponen a sudar cuando se trata de acercarse a extraños o iniciar una conversación con gente desconocida. El romper el hielo les da nervios, y creen que harán el ridículo. El hecho es que no tienen mucho tiempo para crear una primera impresión, y cualquier cosa que digan o hagan puede romper o hacer esa crucial interacción inicial. La charla trivial es de hecho la base de toda asociación satisfactoria, gratificante, personal, social y profesional. Formamos relaciones mutuamente gratificantes y beneficiosas sobre la base de una primera impresión favorable o una conexión que establezca una pequeña charla. El objetivo de la charla es mostrar a la otra persona cuán interesante, bien informado y creíble eres como individuo. También se relaciona con la creación de una relación, creando un terreno común para sentir una sensación de unidad o pertenencia con la otra persona y para apoyar futuras interacciones.

Mediante la charla, puedes determinar con éxito si las personas son realmente dignas de asociarse contigo en el futuro para construir asociaciones sociales, profesionales y personales más significativas, gratificantes y beneficiosas. A veces, las charlas causales pueden llevar a relaciones duraderas con gente similar a ti o en una situación similar a la tuya.

Deslumbra a la gente creando una primera impresión positiva usando estas reglas de conversación increíblemente útiles:

1. Siempre apégate a los temas seguros, neutrales y no controvertidos

Cuando hables con alguien por primera vez o las primeras veces, como regla general, ve con temas más neutrales, siempre verdes y universales. No elijas temas sensibles desde el punto de vista cultural, religioso y político en los que la gente pueda tener diversos puntos de vista. Esto es aún más cierto cuando se habla con personas de diversas nacionalidades, culturas, razas, etc. ¿Cuáles son algunos de los temas más seguros y de siempre? Medio ambiente, películas, ciudad local, salud e investigación médica, tecnología, clima, libros, ciencia, etc. Evita hablar de guerra, ideologías políticas, diferencias religiosas, terrorismo y conflictos globales.

Intenta encontrar tu punto en común y manténlo a lo largo de la conversación. Por ejemplo, si te das cuenta de que la persona con la que estás interactuando es un ávido comensal, sigue temas como los nuevos restaurantes de la ciudad, las comidas regionales populares de la ciudad, las delicias internacionales y otros temas similares relacionados con la comida. Por otra parte, si te das cuenta de que alguien es un gran fanático de los deportes, habla de los juegos de fin de semana, los mejores lugares para que los aficionados a los juegos vayan dentro y fuera de la ciudad y las estrategias de juego ganadoras. Estoy dispuesto a apostar mi último centavo a que la gente se encargará de mantener una conversación entusiasta, animada y atractiva.

Muchos vendedores de vehículos de lujo están realmente entrenados para identificar el interés de sus clientes potenciales para poder construir sobre él para lograr una relación favorable. Por ejemplo, si se encuentran con equipos de gimnasio o con equipos en el vehículo, los vendedores comenzarán a hablar de sus sesiones de entrenamiento cardiovascular o de su rutina de levantamiento de pesas. Ofrecerán consejos para desarrollar los músculos o hablarán de una alimentación saludable. El objetivo de esta estrategia es aumentar la simpatía del vendedor, crear una relación positiva, dejar atrás una primera impresión estelar en el potencial cliente, lo que aumenta sus posibilidades de vender al cliente.

2. Mira las noticias del día antes de asistir a una fiesta o evento de networking

Este es uno de los mejores consejos cuando se trata de conquistar la charla como un jefe. Antes de asistir a una reunión importante, un evento de networking o una fiesta, mantente al tanto de las últimas noticias, eventos y acontecimientos del día. Ayuda a mantenerse bien informado hasta la fecha con lo que está pasando a tu alrededor mientras conversas. Esto te hace parecer una persona inteligente, interesante y articulada. Justo antes de que te dirijas al respiradero, dedica unos minutos a hojear las noticias importantes del día. Utiliza esto para crear un "banco de inicio de conversación". Tienes todo el material que necesitas para iniciar una conversación interesante en lugar de estar sin palabras o sin saber por dónde empezar. Puedes simplemente empezar con cualquiera de los temas listos y abrir la puerta para una interesante, significativa y memorable conversación.

Asegúrate de no ir tras temas controvertidos relacionados con la política, los conflictos internacionales y los asuntos mundiales debatibles. En su lugar, opta por temas relativamente seguros como un avance en la investigación médica o tecnológica, nuevas tendencias científicas, y así, donde hay poco margen para una diferencia de opinión. No quieres empezar la Tercera Guerra Mundial en un salón de baile, ¿verdad? Cuando tienes un banco de conversación listo, asegura que no haya muchos minutos de silencio incómodo o rellenos inútiles. ¡Esto te ayuda a mantener a otras personas completamente enganchadas a la charla!

3. Espejamiento

Si hay un consejo poderoso que ha existido desde los tiempos primordiales para construir una relación y sentir una sensación de unidad con una persona, es el espejamiento. Es la clave que nos ayuda a establecer una relación positiva con otras personas a nivel subconsciente.

El espejamiento ha existido a lo largo de la evolución y sigue siendo una de las mejores maneras de hacer que la gente te quiera o sienta que eres "uno entre ellos". El cerebro humano está conectado para identificar a las personas que son similares a ellos. Invariablemente nos sentimos atraídos por personas que parecen ser similares a nosotros. Hay una conexión instantánea con personas que son similares a nosotros o como nosotros en un nivel altamente subconsciente.

La mejor manera de hacer que una persona sienta que eres similar a un nivel más profundo y subconsciente sin que se den cuenta es simplemente reflejar sus acciones, palabras, gestos, etc. Si estás en la misión de construir una impresión favorable en alguien que acabas de conocer, refleja sus acciones, gestos, movimientos, voz, elección de palabras y postura. Observa cuidadosamente sus señales no verbales y verbales, y refleja esto para crear un sentido de pertenencia, simpatía y familiaridad.

Un consejo de experto es mantener tu espejamiento sutil y discreto para evitar dar a la otra persona la impresión de que la estás imitando. Utiliza esta técnica para hacer creer a la gente que eres sólo "uno entre ellos" o que te agradan. Esto no solo aumenta tu factor de simpatía pero también ayuda a construir una relación favorable con cualquiera.

Todo lo que tienes que hacer es identificar inteligentemente la mayoría de las palabras o frases usadas por la persona y dejarlas caer sutilmente mientras le hablas. Por ejemplo, si encuentras a alguien que llama a sus negocios "imperio", usa la misma palabra cuando te refieras a sus negocios.

¿Qué pasa cuando haces esto? En un nivel altamente subconsciente, esto aumenta las posibilidades de conseguir no solo agradarle a la persona o sienta una sensación de unidad contigo, sino que también se relacione contigo en un plano más profundo, lo que conduce a una brillante primera impresión.

Ten en cuenta que el espejamiento debe parecer natural, sutil y sin esfuerzo. No debe parecer forzado o como si hubieras comido tratando de hacer un gran esfuerzo para entrar en los buenos libros de alguien. Evita parecer nervioso al identificar y simular cada acción o gesto de la persona. Esto acabará con todo el propósito de esta estrategia. Esto no sólo aumenta tu atractivo, sino que también facilita el proceso de ayudar a las personas a vincularse más contigo de manera eficiente.

La gente responderá y se relacionará contigo más favorablemente cuando te lances como una persona con la que se puedan identificar.

4. Desacuerdo de una manera respetuosa y madura

Al hacer una pequeña charla, puede que no estés de acuerdo con todo lo que dice la otra persona. Sin embargo, aprende a no estar de acuerdo de una manera sana, equilibrada y respetuosa, sin ponerte ofensivo, agresivo y polémico. Esto dañará tus posibilidades de crear una impresión positiva en la otra persona. Usa un enfoque más diplomático y genuino como, "Esta es una forma novedosa, diferente e interesante de verlo o de considerar las cosas. Nunca lo pensé de esta manera. ¿Puedes elaborarlo?"

Ahora, este enfoque mantendrá las cosas agradables, mientras que sigue mostrando el desacuerdo. Una situación potencialmente volátil puede convertirse rápidamente en una de las discusiones constructivas y saludables. Aprende a detectar conversaciones potencialmente negativas y conviértelas rápidamente en interacciones placenteras usando un enfoque más equilibrado, en el que puedas exponer tu punto de vista sin ofender a la otra persona. Ser asertivo sin parecer agresivo en tus interacciones es la clave para ser un comunicador ultra-efectivo. La agresión es: "Yo siempre tengo razón y tú siempre te equivocas", mientras que la asertividad es: "Tengo derecho a tener mi punto de vista y tú también". Acordemos estar en desacuerdo sin cambiar nuestro punto de vista".

Capítulo 8. Empatía: Una Herramienta Ganadora Para Comunicarse

La gente está más familiarizada con la palabra "simpatía", que significa "sentir por" alguien, particularmente si ha experimentado una pérdida de algún tipo. Sin embargo, "empatía" significa algo bastante diferente. Otra forma de decirlo es que la empatía significa "sentir con" o "sentir en" como en "sentir en la otra persona", lo que tiene un poderoso impacto tanto para el empático como para la persona con la que se está empatizando.

La habilidad de la conciencia empática es algo que hacemos incluso antes de empezar a comunicarnos con alguien y mientras nos comunicamos con ellos. Es nuestra perspectiva interna, nuestro estado de ánimo, la lente, el corazón a través del cual nos vemos a nosotros mismos y a los demás. Es la forma en que nos comunicamos, y esa es la razón por la que considero que es la habilidad fundamental para todas las demás habilidades.

La Habilidad de Conciencia Empática tiene 4 pasos:
Paso 1: Reconocer su propio valor inherente y su dignidad como persona. Tu interior. Tu valor único y tu carácter especial.

Es vital cultivar la conciencia de nuestro propio valor personal, de tal manera que podamos pensar honestamente en nosotros mismos (e incluso decir en voz alta), "Soy único, especial y valioso". En verdad, no hay nadie más como tú o yo en todo el mundo. Cada uno de nosotros somos únicos con nuestros propios talentos, habilidades y personalidad.

"Ponte tu propia máscara primero"

Si no creemos en nuestro propio valor, ¿cómo vamos a creer en el valor de los demás? Cuando estás en un avión, la azafata le dice a todo el mundo que si hay una pérdida de presión en la cabina, la máscara de oxígeno caerá desde arriba y te pondrás la tuya primero antes de intentar ayudar a alguien más; de lo contrario, no podrás respirar y no serás de mucha ayuda para nadie.

Del mismo modo, si no somos capaces de reconocer nuestro propio valor primero, será más difícil volverse y ver el valor de los demás. De hecho, la enseñanza más común en las religiones del mundo es una forma de "ama a los demás como te amas a ti mismo" e incluso los profesionales de la autoayuda expresan formas de esta enseñanza. Sin embargo, sólo funciona si una persona se ama y se valora a sí misma. Las personas que no se aman o no se valoran a sí mismas pueden ser realmente perjudiciales, tanto para ellas mismas como para los demás, porque si no se aprecian a sí mismas es muy probable que no aprecien a los demás.

Formas de aumentar la conciencia empática de nuestro valor y potencial personal:

- Meditación, auto-reflexión, oración:

Estas son prácticas consagradas que ayudan a calmar la mente y el cuerpo, eliminar las distracciones, limpiar el aire mental y espiritual, y conectar con la mente positiva más profunda dentro de uno mismo, nuestra esencia interna. Si eres una persona religiosa o espiritual, esto es hacer una pausa para conectarse a un poder superior, su fuente de vida.

- Libros de inspiración y motivación

Estas palabras tienen el poder de instruir, elevar y energizar tu pensamiento y reforzar tu sentido de autoestima y autovaloración.

Estas palabras son alimento para la mente y el alma. Los libros inspiradores y motivadores pueden ayudarte a reconocer tu valor, así como a identificar y nutrir tus talentos y potencial únicos.

- Discursos, seminarios, webinars, talleres,

Sermones:

Cuanta más exposición tengamos a información y testimonios edificantes y que nos hagan reflexionar, que nos den una mayor comprensión y conciencia de nuestro propio valor, talentos y capacidades, más deberíamos tomarlos e invertir en ellos, mejor será para nosotros.

- Autocontrol positivo:

Somos lo que pensamos. Llena tu mente con auto-dialogía positiva (puedo hacerlo, soy una persona de gran valor, y tengo talentos que pueden ayudar a otros). Piensa en pensamientos y expectativas positivas sobre ti mismo y los demás, tus objetivos, relaciones y la vida en general, y es más probable que esas cosas se hagan realidad.

Norman Vincent Peale, autor del clásico "El poder del pensamiento positivo", puede que lo haya dicho mejor: "Cambia tus pensamientos y cambiarás tu mundo".

Por el contrario, si llenas tu mente con autocomplacencia negativa (no puedo, no soy bueno, no hay manera) entonces esas cosas probablemente se harán realidad. En un sentido muy real, cosechamos lo que sembramos en nuestras mentes - los pensamientos positivos producen palabras, acciones y resultados positivos; los pensamientos negativos producen palabras, acciones y resultados negativos. La forma en que dirigimos nuestro pensamiento, nuestra conversación y nuestra actitud determina el camino a seguir.

Paso 2: Reconocer el valor inherente y la dignidad de la otra persona que son igualmente dignos de respeto.

Como se mencionó anteriormente, cada ser humano es especial, sin importar su nivel de ingresos, estatus social u otras características. Somos compañeros de viaje en este planeta, en este tiempo y espacio. De todas las personas que están vivas ahora, y que han vivido o vivirán, las personas con las que nos encontramos cada día están en nuestra presencia, nuestra esfera de conciencia. Incluso podemos pensar que hay algún propósito para su presencia en nuestro mundo, algo que podemos aprender de ellos, y algo que ellos pueden aprender de nosotros.

Cada persona tiene sus puntos fuertes y débiles, defectos y peculiaridades, pero también, como nosotros, son únicos, especiales y valiosos, necesitamos verlos de esa manera, tratarlos de esa manera. Sugiero que esto es un requisito previo para poder tener una buena comunicación, ya que estamos agradecidos por estas personas en nuestras vidas y podemos reconocer que cada persona puede tener algo que enseñarnos y ayudarnos a crecer. De hecho, podrías notar algo especial en ellos que ni siquiera ven en sí mismos.

Pausa -> Reflexionar -> Ajustar -> Actuar

He encontrado que este es un mantra muy útil: Pausa. Reflexionar.Ajustar. Actuar. Es como una brújula interna que me ayuda a dirigirme en la dirección correcta. A menudo, en el transcurso del día, mientras me comunico con alguien y mi mente empieza a ir a la deriva o mi sentido de empatía empieza a desvanecerse, me atrapo a mí mismo y pienso: Pausa, Reflexionar, Ajustar y Actuar.

La Pausa me ayuda a detener mi pensamiento caprichoso en el acto, como un semáforo. Luego reflexiono sobre la importancia de la persona y de lo que está hablando o la situación, ajusto mi enfoque e intencionalidad para valorarla y concentrarme en ella y en lo que está diciendo y sintiendo, y finalmente actúo estando más empáticamente presente.

Este mantra y el estado mental actúan como una herramienta de realineación. Como conducir un coche o volar un avión, estamos constantemente haciendo ajustes para permanecer en el camino hacia nuestro destino. En este caso, ese destino es ser empáticamente consciente de nosotros mismos y la otra persona en el momento.

"¿Pero qué pasa con una persona que no me gusta?"

Enfrentémoslo, hay muchas personas que pueden no gustarnos por una u otra razón - su actitud, personalidad, comportamiento, la forma en que hablan o se visten, su aliento - pero incluso con respecto a ellos, puedes mirar el lado bueno y pensar, Esta persona difícil puede estar en mi vida para que pueda: 1) hacer crecer mi corazón para valorarlo incondicionalmente.

Piensa en la gente de tu vida que no te gusta particularmente: ese conocido entrometido, el pariente que habla demasiado, tu vecino desordenado, un compañero de trabajo arrogante. Por mucho que te disgusten algunos de sus comportamientos y actitudes, intenta mirar más allá de esas características y piensa, pueden ser una prueba para que mi corazón crezca en empatía y compasión por lo que son como seres humanos únicos.

También puedes pensar que tal vez agitan algo en mí que necesito confrontar y tratar, mis propias actitudes arrogantes y prejuiciosas, mi ira de gatillo fácil, mis prejuicios, etc. De hecho, estas personas que son un reto para ti para tratar pueden ser una oportunidad para estirar tu corazón y hacer crecer tu carácter. ¡Quién sabe, puede ser un desafío para ellos!

Actuar con amor para sentir amor

El Dr. Jerome Bruner, psicólogo de Harvard, escribe: "Es más probable que actúes para sentir que para actuar". La lección aquí es actuar amorosamente para sentir amor en lugar de simplemente esperar a que los sentimientos amorosos surjan antes de actuar. Si actuamos con amor y cariño incluso con alguien que no nos agrada, los sentimientos de amor y cariño emergerán tarde o temprano dentro de nosotros. Por lo tanto, actuamos nosotros mismos en los sentimientos que queríamos tener.

Formas en que podemos mejorar nuestra conciencia empática de los demás:

- Piensa en este día como un experimento en el que ves a las personas con las que entras en contacto como oportunidades para crecer en amor y compasión practicando el cuidado, comprensión, paciencia, perdón y gratitud. Prueba la hipótesis de que la Conciencia Empática funcionará en tu vida hoy.

- Acepta el desafío de empatía de un día. Practica ver a las personas que conozcas hoy como un regalo, una oportunidad única para hacer crecer tu corazón y tu empatía.

Paso 3: Crear en tu mente el deseo de querer escuchar y relacionarte con ellos para sentirlos y comprenderlos tal como son.

Las intenciones preceden a las acciones. Al crear el deseo -la intención- de relacionarnos bien con los demás porque reconocemos su valor como seres humanos únicos y especiales, ese deseo alimentará y movilizará nuestro deseo de escucharlos y relacionarnos con ellos y nos moverá más cerca de hacerlo. Estamos pasando de la comprensión interna de su importancia a la acción externa de hacerlo. Cultivar tal intencionalidad dentro de nuestro corazón y mente es un acto deliberado de nuestra parte, un acto de concentración y sinceridad, y un elemento vital de la habilidad de la conciencia empática.

La autora Josephine Billings también dijo: "Para el mundo puedes ser una persona, pero para una persona puedes ser el mundo". El amor que le damos a otra persona puede ser lo que le da esperanza-le ayuda a sentir su valor.

Necesitamos acercarnos con nuestros ojos, oídos, palabras y actitud para hacer una conexión de corazón con esa persona.

Un beneficio inesperado de la Conciencia Empática es que al llegar a comprender y relacionarnos con el corazón y los sentimientos más profundos de otra persona esto nos llevará más profundo en nuestro propio corazón, similar a llegar al mismo nivel de agua. En pocas palabras, no podemos llegar a un lugar más profundo en otra persona desde un lugar poco profundo en nosotros mismos.

Paso 4: Piensa en lo positivo de tu relación con la otra persona - tu cónyuge, hijo, padre, amigo, compañero de trabajo, etc. Incluso un extraño, ¡también están en tu mundo!

Pensar en lo positivo de otras personas y nuestra relación con ellas crea una atracción, un efecto magnético que nos atrae hacia ellas. Nos centramos en lo positivo, en lo que es brillante en ellos, en lugar de centrarnos en repeler lo negativo. Nuestra perspectiva positiva es la clave y un aspecto poderoso de la habilidad de la conciencia empática.

Formas de desarrollar nuestra perspectiva positiva de los demás:

Centrarse en lo bueno. Piensa en las cualidades y características que apreciamos de ellos, por ejemplo, el compañero de trabajo que se esfuerza al máximo en ese proyecto en particular aunque no siempre limpie después en el comedor; nuestro cónyuge o pareja que nos da constantemente palabras de ánimo aunque a veces llega tarde a las citas; el vecino que tiene dos trabajos para mantener a su familia aunque su patio delantero esté un poco destartalado. Cuando nos centramos en lo positivo de quienes son y lo que hacen, nos ayudará a poner cualquier negativo en una mejor perspectiva, incluso si necesitamos discutir y resolver algunos de esos negativos con ellos. Nuestra actitud positiva abre nuestro corazón a las posibilidades de lo que puede ir bien en lugar de lo que puede ir mal.

Capítulo 9. Técnicas De Comunicación Asertiva

Hemos cubierto varios aspectos de la comunicación asertiva, ahora veremos algunas técnicas de asertividad muy específicas que puede implementar. Todos estos son ejemplos específicos de comportamientos que las personas asertivas demuestran, y que pueden ser fácilmente aplicados a situaciones comunes.

Decir no

Una parte clave de ser asertivo es asegurarse de que tus propias necesidades son satisfechas y tus opiniones son escuchadas, sin recurrir a la agresión. Algo común con lo que mucha gente lucha es simplemente decir que no.

Las personas asertivas se sienten cómodas diciendo "no". Entienden que no tienen que dar una razón, pero a menudo darán una razón sólida y lógica si la tienen. La próxima vez que alguien te pida que hagas algo que no quieres hacer, intenta responder cortésmente con un "no".

Por ejemplo, si te piden que hagas un trabajo extra, pero ya estás saturado, puedes decir simplemente "Me encantaría poder ayudar, pero ya tengo más que suficiente trabajo".

Pide más tiempo

Es imposible tener siempre a mano la información y las respuestas necesarias. Un comunicador asertivo reconoce que esto es normal y simplemente pide cualquier tiempo adicional que pueda necesitar.

Esto se puede aplicar tanto si necesitas tiempo para considerar tus sentimientos sobre una situación, como si necesitas investigar hechos tangibles antes de responder a una pregunta.

Para que esta técnica sea eficaz, es necesario entregar tu solicitud de más tiempo con confianza y calma. Simplemente di para qué necesitas el tiempo, y cuánto tiempo tomará. Por ejemplo, "Necesitaré comprobar los hechos por usted, ¿qué tal si nos reunimos de nuevo mañana?" O, "No estoy seguro de cómo me siento al respecto". Me gustaría tomarme un tiempo para considerarlo, lo discutiremos de nuevo la semana que viene".

Usando declaraciones de "Yo"

Esta técnica se utiliza mejor cuando se quiere abordar el comportamiento de otra persona. Criticar a los demás puede hacer que las emociones se disparen y que la gente se ponga a la defensiva y no esté dispuesta a escuchar.

Una razón para esto es que tendemos a usar un lenguaje de culpa cuando nos dirigimos a las acciones de otras personas.

El uso de frases con "yo" te obliga a asumir la responsabilidad de tus propios sentimientos y evita culpar a la otra persona. Usando declaraciones con "yo", puedes abordar temas emocionales sin poner inmediatamente a la otra persona a la defensiva.

Por ejemplo, en lugar de decir "llegas tarde", puedes decir "te esperaba a las dos en punto". En vez de decir "siempre te olvidas de cerrar la puerta", puedes decir "me siento frustrado cuando te olvidas de cerrar la puerta".

Ensayar situaciones o tener un "guión"

Si un escenario te hace sentir ansioso, ensayar cómo te comportas y respondes en esa situación puede ayudar. Por ejemplo, si tienes que hacer una revisión de rendimiento con tu gerente, intenta actuar en tu mente. Considera todas las diferentes maneras en que podría desarrollarse y lo que tu gerente podría decir junto con tus posibles respuestas.

Para cada posible pregunta que te hagan o desafío que creas que tu gerente pueda darte, considera cómo quieres responder. Desarrolla un guión suelto que puedas usar para responder a los puntos clave. El guión es simplemente para ayudarte a organizar tus pensamientos, no llevarías un guión real a la reunión. Sin embargo, al considerar y ensayar algunas respuestas potenciales, reducirás la ansiedad que podrías sentir. También puedes evitar cualquier momento potencialmente incómodo en el que te esfuerces por encontrar una respuesta apropiada.

Ser un disco rayado

Esta técnica se puede usar cuando alguien no acepta un "no" por respuesta o se niega a aceptar lo que le dices. Es un concepto muy simple, donde simplemente se repite la respuesta inicial hasta que la otra persona finalmente la acepta.

Puedes reformular tu respuesta ligeramente cada vez, pero debes mantener el mensaje igual. Por ejemplo, si alguien te pide que asistas a una fiesta a la que no quieres asistir, puedes responder con "No puedo ir ese día".

Si la otra persona no acepta eso, cuestionando el por qué no puedes ir, puedes simplemente decir "No puedo ir ese día, tengo una cita previa". Si continúan desafiando, simplemente repetirías que no puedes ir ese día. La clave para que esto funcione correctamente es repetirse a sí mismo sin mostrar ninguna ira, irritación, frustración o ansiedad.

Tu lenguaje corporal y tu tono deben ser tan calmados y neutrales como sea posible. Una vez que la otra persona vea que no cambiarás tu postura, normalmente se retirará.

Empañado

El empañado es una técnica en la que se acepta la crítica injustificada o maliciosa reconociendo con calma que puede haber un elemento de verdad en la observación, sin aceptar que su comentario tenga un mérito real.

Es una forma de desactivar una situación en la que alguien con un estilo agresivo está tratando de obtener una reacción de ti. En lugar de la reacción esperada de refutar la crítica o enfadarse, simplemente se responde con calma con un leve reconocimiento que elude su intención agresiva.

Por ejemplo, si alguien dice: "¿Por qué tomaste esa ruta? ¡Eso fue una estupidez!" Podrías responder: "Sí, podría haber tomado una ruta diferente y llegado más rápido".

Investigación negativa

La investigación negativa es otra forma de desviar la crítica haciendo preguntas en lugar de discutir o ponerse a la defensiva.

Una vez más, la clave es hacer esto de una manera muy tranquila y sin confrontaciones, sin tono sarcástico, para que tu intento de investigación negativa asertiva no se confunda con agresión pasiva.

Voz activa

Las personas asertivas usan la voz activa más frecuentemente que la voz pasiva. La voz activa es cuando está muy claro exactamente quién está realizando una acción.

Por ejemplo, "El informe debe ser entregado hoy" es un ejemplo de voz pasiva, porque no está claro quién está completando la acción de entregar el informe. "James debe entregar el informe hoy", es la voz activa, porque está muy claro quién se espera para entregar el informe. Una simple prueba de si algo es activo o pasivo es añadir "por los zombis" al final de la sentencia. Si todavía tiene sentido, la frase es pasiva.

Considera las siguientes oraciones:

Fui enseñado a pararme correctamente (por los zombis)

Aprendí a conducir (por los zombis)

El informe ya ha sido escrito (por los zombis)

Jane ya escribió el informe (por los zombis)

A y C son la voz pasiva, porque la adición de "por los zombis" no hace que la frase sea incorrecta, mientras que B y D están en voz activas. Al elegir usar la voz activa, las personas asertivas evitan la ambigüedad y los malentendidos.

Establecer límites claros

Si luchas para establecer límites, entonces otras personas encontrarán fácil de pasar por encima de ti. La gente asertiva es clara en cuanto a su límites y los establecen claramente, si sus límites son se sobrepasan, los reafirman rápidamente.

Al no tener miedo de defenderse y desafiar personas que tratan de empujar sus límites, las personas asertivas protegen su autoestima y se ganan el respeto de los demás.

Tratar conductas específicas

Las personas asertivas no se avergüenzan de abordar los temas, pero cuando lo hacen se centran en criticar el comportamiento y no en la persona. Al centrarse en el comportamiento específico, permiten que la otra persona entienda exactamente lo que necesita cambiar, y les permiten asumir la retroalimentación sin sentirse atacados personalmente.

Esto funciona mejor cuando se combina con las declaraciones de "Yo" y se hace de manera tranquila y sin confrontaciones.

Al implementar estas técnicas y el resto de la información dentro de esto, comenzarás a convertirte en un comunicador más asertivo. Hasta ahora, nos hemos centrado específicamente en la comunicación verbal, aunque algunas de estas técnicas pueden aplicarse también a la comunicación escrita.

Sin embargo, en nuestro mundo moderno nos comunicamos frecuentemente por escrito. Los correos electrónicos, los textos, las aplicaciones de mensajería, los medios sociales son a menudo acontecimientos diarios, y pueden tener reglas y etiqueta muy diferentes a las del medio más formal de las cartas.

Veremos cómo los diferentes métodos de comunicación escrita varían de la comunicación verbal, y cómo aplicar las técnicas de comunicación asertiva a esos métodos.

Capítulo 10. Consejos Para Comunicarte Eficazmente En Cada Aspecto De Tu Vida

Para desarrollar una sana capacidad de comunicación, es crucial que estés preparado para deshacerte completamente de tu vieja piel y convertirte en una persona totalmente nueva. Mantenerse fiel a su antiguo yo no ayudará, ya que la comunicación requiere que te abras y te extiendas tanto como sea posible. Después de prometerte este cambio, sigue los siguientes consejos para desarrollar tu propio conjunto de excelentes habilidades de comunicación:

Escucha

Puede sonar absurdo, pero es un hecho probado que para hablar bien, lo primero que hay que dominar es el arte de escuchar. Escuchar, y no oír. Sin embargo, no todo el mundo es bueno para escuchar. Terminamos perdiendo mucha información debido a nuestra distracción e ignorancia. Si tan sólo dedicáramos el cincuenta por ciento de nuestra atención a escuchar lo que los demás tienen que decir, entonces seríamos dueños de más y mejor conocimiento que el que tenemos hoy.

Todo el mundo oyen, muy pocos escuchan. El primer paso para una buena comunicación es escuchar. Es sólo cuando escuchas a la otra parte que comprendes cómo responder. Cotorrea sobre tu propio tema y fallas en ser un comunicador desde el principio.

Habla

Desde que el hombre dejó de usar el lenguaje de señas para comunicarse, el habla ha dominado su uso de la lengua para transmitir información. ¿Cómo llamarías a hablar? ¿Usar palabras para enviar datos relevantes? Hablar ha evolucionado en más de el mero envío de palabras.

Hablar es el uso de la lengua para transmitir emociones, intenciones e información a otras personas. Te ayuda a hacer que los demás entiendan lo que quieres, sabes o sientes. Si no fuera por el habla, los humanos todavía usarían gestos con las manos para mostrar que tienen hambre, sueño o excitación sexual. Imagínate tal escenario.

Hablar no sólo abre la boca sino también la mente. La acción de hablar requiere y te empuja a pensar. Pensar es una actividad que te mantiene ocupado mentalmente. Cuando piensas, desarrollas y agudizas tu mente de forma natural. Tu mente abre puertas cerradas para permitirte pensar y hablar. Entonces empiezas a aceptar nuevas formas de formar opiniones y de ponerlas a la vista de los demás.

No hay límite para tus alas de imaginación. Empiezas a explorar nuevas dimensiones y a ver mejores formas de percibir a la gente. Básicamente, cambias tu personalidad de tal manera que los demás notan cambios en ti. Hablar, por lo tanto, te abre. Te quita los grilletes de tu desarrollo y te permite ser testigo de lo mejor que puedes lograr. Hablar es un arte, que cuando se domina, cubre casi más de la mitad de tus habilidades de comunicación.

Cuidado con tu lenguaje corporal

Tu lenguaje corporal habla más de ti que tu lengua. La forma en que te encuentras como persona está tan determinada por tu lenguaje corporal como por tus palabras y tu aspecto.

El lenguaje corporal podría definirse como una combinación de todas esas actividades físicas que realizas sin querer y que representan tus intenciones y emociones. La cantidad de comunicación que realizas por tu lenguaje corporal es casi equivalente a la cantidad que realizas por lo que dices.

El siguiente es un ejemplo de cómo el lenguaje corporal es tan bueno como cualquier otro medio de comunicación:

Susie es una trabajadora de oficina promedio en una compañía de renombre. Su jefe confía en sus habilidades y le da tareas regulares para realizar.

A pesar de las habilidades corporativas que posee, es una pobre comunicadora. Cuando su jefe le asigna una tarea en persona, sonríe y muestra aceptación, siendo plenamente consciente de que el trabajo asignado está más allá de su capacidad. Habiendo aceptado la tarea, ella se mueve para completarla en el plazo dado y la completa muy pobremente. Aunque su trabajo no está bien hecho, la devoción que lo hubiera hecho satisfactorio se notó como perdida.

El lenguaje de su cuerpo transmitía competencia mientras que la imagen real era algo completamente diferente. Lo que mostraba de sus acciones físicas no coincidía con la frecuencia de lo que era capaz de hacer. Tal diferencia en el lenguaje corporal y la imagen real crea problemas.

La comunicación es un arte sin explotar que, cuando se domina, cosecharía beneficios inimaginables. No terminarás haciendo falsas promesas. Evitas fricciones innecesarias en la vida al decir claramente las cosas. Hay claridad en lo que intentas hacer y en lo que eres capaz de hacer. Tus intenciones son expresadas inequívocamente, y tus motivos realmente revelados. El lenguaje corporal es simplemente una herramienta para transmitir adecuadamente tu mensaje sin recurrir a las palabras.

La comunicación no siempre es vocal. Asume diferentes formas como los movimientos de los ojos, el estilo de hablar, los gestos de las manos y los movimientos generales de las manos. El lenguaje corporal es una buena manera de evitar el uso de palabras y asegurar el envío rápido de mensajes. Es fácil e inteligente para comunicarse sin poner ningún esfuerzo especial en ello. Hablar está bien, seguro, pero ¿qué pasaría si tuvieras mejores opciones para transmitir información? El lenguaje corporal es la respuesta.

Ponle sabor a la conversación

Todo el mundo habla. Pero aquellos que dejan una impresión en la mente de sus oyentes son los que se recuerdan. Las frases sencillas y las palabras elegidas casualmente no hacen justicia a la imagen de un orador. Cuando no le das vida a tus palabras, no impresionas a los que te escuchan. Por vida, me refiero a la emoción, el atractivo y la clase. Cuando haces tus conversaciones divertidas, ingeniosas y sarcásticas, abres nuevas puertas de posibilidades.

Entonces, ¿cómo se puede hacer para darle sabor a las conversaciones? Si existe la posibilidad de añadir un ángulo divertido a tus frases, hazlo. No dudes en imaginar bien e impregnar dicha imaginación en tus palabras. Las palabras elegidas con inteligencia tienen más magia que las dichas casualmente.

La brevedad es otro personaje que eleva el valor de su conversación. Cuanto más breves sean tus frases, mayor será el impacto que dejes atrás. Un estudio encontró que las frases cortas tienen más poder de convicción que las largas. Cuando terminas tus conversaciones con frases cortas, permites que la otra parte piense en el pasado, algo que no es posible con frases largas.

Cuando permites que los oyentes piensen en lo que acabas de decir, se dan cuenta de que tiene sentido.

Por el contrario, cuando no les das ese tiempo, asumen que estás fanfarroneando o tratando de dominar el proceso.

Las frases cortas, por lo tanto, aumentan tu impacto como comunicador.

El sarcasmo es un rasgo que no todo el mundo posee. Es la rara cualidad de golpear a alguien sin que sepa que acabas de poseerlo. La cualidad del sarcasmo es una forma divertida de vengarse de los que están enfrente de ti. Si dominas bien esta cualidad, podrías entrar en cualquier argumento a ciegas. Aunque es visto como el último recurso en un debate, sirve su propósito cuando quieres hacer que la parte contraria se arrepienta de haberte puesto los cuernos. Ser un buen comunicador requiere inculcar la característica del sarcasmo en tu conjunto de habilidades.

Otra cualidad que debes poseer para convertirte en un buen comunicador es el humor. El humor nunca deja de entretener a los oyentes. Si tienes este rasgo de tu lado, no sólo terminarás explicando tu punto de vista sino que también harás al público reírse. Sin embargo, cuando te comunicas, debes evitar el humor excesivo o negativo. El humor en exceso diluye la conversación y cambia la dirección de tu conversación a la diversión. El mismo propósito de tener una conversación es eliminado. El humor negativo es el que ofende a la raza, el género y otros temas sensibles similares. Abstente de usar el humor negativo en tu comunicación, ya que te mostrará de mala manera. El punto que estás tratando de explicar no sólo se desvanece, sino que también es mal entendido.

Una buena conversación involucra a ambas partes, el orador y el oyente. A ambas partes se les da la misma importancia y ninguna predomina sobre la otra. Si se altera este equilibrio, una conversación se aleja de su propósito. Este equilibrio es obligatorio para que cualquier conversación logre un escenario ideal desde el que reciba no sólo el reconocimiento sino también el aplauso del público.

Cuando una conversación ya perfecta está impregnada de cosas como la diversión, el sarcasmo, el ingenio y el intelecto, el impacto que dicha conversación tiene en sus oyentes es enorme. Una conversación insípida y seca es sólo informativa. Pero una conversación que está impregnada con los rasgos hace más que informar. Mantiene a las partes excitadas e informadas. Los hace desear más y nunca los aburre durante la conversación. La comunicación que realizas de esta manera es ideal.

Lee

La lectura es un hábito que cuando se le inculca a un humano le cosecha numerosos beneficios. Cuando lees, exploras el mundo. Se abren nuevas puertas de experiencias brillantes, y empiezas a ver las cosas a través de las perspectivas de otras personas. Ya no estás limitado en lo que se refiere a las facultades mentales.

Te familiarizas con la gente, sus puntos de vista y su forma de pensar. La lectura te familiariza con imágenes que nunca pensaste que serían posibles.

Es vital fomentar el hábito de la lectura a una edad temprana. Cuando a los niños se les enseña a no sólo aprender a leer sino también a seguir haciéndolo, tienen una cosa particular a la que volver. Con la edad, este hábito se convierte en un hobby y los niños comienzan a explorar varios géneros. Ya sea ficción o autobiografías, no pueden mantener sus manos fuera de los libros en general. Se quejan cuando se encuentran con una librería y gastan todo su dinero en comprar libros. El arte de comprar de segunda mano es más pronunciado en sus hijos que en usted. Las mentes tiernas son como pizarras limpias. Cualquier cosa que escribas en ellas permanecerá por mucho tiempo en sus vidas. Cuando introduces a los niños a un hábito tan saludable, esencialmente los empujas a ser buenos comunicadores.

¿Cómo ayuda la lectura a convertirse en un buen comunicador?

La comunicación no tiene lugar en el vacío. Requiere que el emisor envíe un mensaje al receptor. ¿Pero cuál es la fuente de tal información? ¿Qué pasa si tal información no se recibe a su vez, sino que exige la creación?

Una pieza de comunicación podría ser sobre una idea o una obra de arte. Ahora bien, tal idea debe haber sido pensada por alguien. O esta pieza de arte debe haber sido creada por alguien. ¿De dónde viene la experiencia requerida para crear tales cosas? Es de la lectura de libros y la experiencia de las cosas que recibes las habilidades que se emplean para facilitar la comunicación.

La lectura te introduce a diferentes mundos con sus propias dimensiones coloridas. Cuando lees, ves nuevas posibilidades y eventos. Si es ficticio, la imaginación tan empleada en la creación es realmente útil para transferirte a un reino diferente. No sólo ganas experiencias literarias sino también imaginativas. Te equipas para desplegar tus alas de imaginación y sumergirte en el vasto mundo de la comunicación.

La lectura de los libros te familiariza con las ideas y las probabilidades. Estas ideas y probabilidades te empujan a pensar. Cuando piensas, automáticamente te calificas para involucrarte en la comunicación.

Socializa

Cuando conoces a gente nueva, recoges sus historias y experiencias. Todos han aprendido muchas lecciones de sus vidas. Cuando lo comparten con otros, les permiten ser parte de sus historias. Al formar parte de sus historias, aprendes las lecciones que ellos han aprendido. La esencia misma de la comunicación es que debe ser facilitada por al menos una parte.

Cuando eres tú quien lo hace, necesitas reunir el coraje social para hacerlo. Si te alejas de la compañía social, estás matando cualquier oportunidad de socializar, y por lo tanto por extensión, de la comunicación.

La socialización es el arte de mezclarse con la sociedad. Requiere que te relaciones bien con aquellos que no son parte de tu familia. Puede que conozcas muy bien a los miembros de tu familia, pero no es así con los demás.

Capítulo 11. Consejos Sobre Cómo Ser Altamente Efectivo En La Comunicación Y En La Oratoria

Uno de los indicadores más significativos de un comunicador poderoso es alguien que puede transmitir su punto de vista de manera atractiva cuando se dirige a una audiencia. Ya sea que esté dando una presentación en una sala de juntas llena de gente o hablando a una amplia audiencia desde un podio, algunos valiosos indicadores pueden ayudarle a comunicarse más eficazmente cuando se trata de transmitir puntos importantes. ¿Eres capaz de persuadir y convencer a la gente de tu idea? ¿Eres capaz de expresarte de forma convincente en una plataforma pública? ¿Eres capaz de comunicarte con un grupo de personas sin ningún espacio para los malentendidos?

Aquí hay 7 consejos poderosos para transformarte en un orador público altamente efectivo y articulado.

1. Captar la atención con un poderoso comienzo y fin

Esto no quiere decir que todo lo que está en medio vaya a ser mediocre. Sólo significa que tu comienzo debe ser lo suficientemente poderoso para enganchar a tu audiencia y escuchar atentamente el resto del discurso. No empieces con algo anodino y poco inspirador como "Hoy voy a hablar de esto y aquello". Es simple, insípido y aburrido, y no anima a tu audiencia a seguir escuchando.

En su lugar, comienza con una estadística impactante o inesperada, una declaración increíble, una anécdota interesante o una cita poderosa. La idea es inducir a la conmoción y el interés para captar la atención de su público. Pero no lo hagas innecesariamente escandaloso, solo incluye un elemento de sorpresa.

Del mismo modo, al concluir el discurso, ofrece un resumen de todos los puntos importantes hechos durante el discurso para reforzar lo que has dicho, eliminando cualquier malentendido. También cierra con una declaración o cita poderosa que tu audiencia probablemente recuerde por mucho tiempo. ¡Hazlo único y memorable!

2. Trabaja con un guion pero no leas mirándolo.

Siempre recomiendo crear un esqueleto aproximado de lo que planeas decir en el discurso. Puede incluir puntos importantes que desees abordar o citas/anécdotas que quieras usar durante el discurso. Somos humanos, y hay una tendencia a olvidar las cosas.

Trabaja con un guion o borrador y sigue construyendo sobre él mientras hablas. Esto invariablemente vendrá cuando sigas el flujo del discurso y evalúes la reacción de la audiencia. Sin embargo, nunca leas un guion. Úsalo sólo como una indicación. Una de las formas más poderosas de conectar con tu audiencia es mirándola a los ojos y hablando. Te parecerá más creíble y te hará ver el punto más eficazmente. Si necesitas buscar pistas en el papel, simplemente míralo y luego transmítelo a tu público mirándolo a los ojos. Nunca jamás leas textualmente tus notas. Te hace parecer un comunicador muy ineficaz.

Al mantener el contacto visual con tu público, te centras en el mensaje. Crea un esquema breve y aproximado para seguir el discurso pero siempre comunica manteniendo el contacto visual con tu audiencia. Los oradores que leen directamente del guion se muestran muy ineficaces. No hay contacto visual, y como orador, no te ves tan apasionado en los puntos que estás haciendo. No iluminarás a tu audiencia ni la llevarás a la acción. No hace falta decir que necesitas una apertura y un cierre poderosos y debes tener estos puntos preparados. Sin embargo, también necesitas hablar desde tu corazón.

En lugar de utilizar un guion literal, usa tarjetas de índice para preparar tu discurso. Escribe unas pocas palabras o una breve frase en las tarjetas para ofrecer pistas sobre la idea principal, el concepto o la historia de la que puedas hablar con confianza.

3. Personalizar y humanizar el mensaje

No estoy mintiendo aquí. Literalmente me duermo con discursos que son clínicos, como el de un estacador y aburrido. A menos que tu audiencia sea un montón de máquinas, evita hacer tu discurso mecánico. Como presentador, obtendrás muchos puntos por personalizar el mensaje. Independientemente del tema, siempre hay una forma de personalizar y humanizar el mensaje. Es una forma maravillosa de intimar y construir una conexión con tu audiencia. La gente se relaciona mejor con historias o anécdotas, experiencias de otras personas, historias de esperanza y triunfos, tragedias, desafíos y más.

Añade una pizca de humor, por muy serio que sea el tema, para hacerlo más atractivo para tu público. Las historias y los incidentes de la vida real añadirán un elemento de credibilidad para mantener a sus oyentes enganchados. Comparte tus puntos de vista y opiniones personales para hacerlo más humano, evitando al mismo tiempo las declaraciones polémicas. Cuando declaras tus preferencias o das tu opinión, te ves más humano, lo que permite a tu audiencia conectarse contigo a un nivel más profundo. Utiliza historias y elementos de interés personal a lo largo del discurso. Esta técnica facilita a la audiencia acercarse al orador.

De todos modos, conquistará cualquier sentimiento de nerviosismo y ansiedad, mientras experimenta una mayor facilidad al conectar con su audiencia en un nivel más profundo. Al igual que tu audiencia se vuelve cálida contigo, tú te volverás cálido con ellos. Cualquier nerviosismo persistente será superado cuando hagas el discurso más personal. Enfócate en la construcción de una relación con tu público.

4. Fortalecer tu entrega vocal

Tu voz es tu poder. Úsala a tu favor lanzándola de la manera más efectiva. Tu voz es una de las herramientas más flexibles cuando se trata de comunicarse con tu audiencia de una manera convincente y efectiva. Puedes añadir muchos efectos, coloración y emociones a la voz modulándola para expresar las emociones y sentimientos adecuados. No hables en un tono monótono o en un solo tono plano. Utiliza mucha variación para que tu discurso sea más variado. Añade más fuerza al discurso.

Por ejemplo, cuando quieras hacer una declaración poderosa, empieza con un tono plano. Más tarde, sube el tono y vuelve a terminar en un tono plano. No te detengas en un tono alto, ya que eso hace que tu declaración parezca más una pregunta. Termina con una nota plana, para que parezca que estás haciendo una declaración poderosa en lugar de una pregunta. Puedes trabajar con un entrenador de habla si quieres que tus habilidades de presentación sean aún más poderosas.

5. Lenguaje corporal

Tu cuerpo es una potente herramienta de comunicación que ayuda a transmitir lo que intentas decir añadiendo más profundidad a tu mensaje. A través de tu expresión física, transmitirás tu punto de vista de manera aún más convincente a la audiencia. ¿Qué es lo que crees que son los secretos de un actor para dominar el escenario o hacer que el público crea algo que quieres que sienta? ¡El poder del lenguaje corporal!

Usa tu lenguaje corporal a tu favor manteniendo las posiciones de poder correctas a lo largo del discurso. Comprende el hecho de que, aparte de lo que estás hablando verbalmente, también te estás comunicando con tu audiencia a un nivel subconsciente a través de pistas no verbales. Se les envían señales sutiles a través de tu lenguaje corporal, tono, voz y más. El lenguaje corporal es esencial porque ayuda a complementar tu mensaje verbal para asegurar que no haya malentendidos o que el mensaje se transmite de forma más convincente.

Siempre de pie mientras se da un discurso. La forma de tu cuerpo debe ser visible para la audiencia si quieres que te tomen en serio y te consideren autoritario. Tu posición en el podio o en la sala, tus movimientos corporales, tus gestos con las manos. Todo se suma al poder del habla.

Apóyate firmemente en el podio asumiendo una postura dominante. Los pies deben estar separados a lo ancho de las axilas, mientras que el peso del cuerpo debe estar distribuido uniformemente. Asumir esta postura te ofrece la sensación de estabilidad. Parecerás más equilibrado, creíble y confiable. Tu audiencia estará más dispuesta a aceptar tus ideas cuando subconscientemente perciban que estás más enraizado.

Tus brazos deben estar en una posición neutral. Cuando estés consciente de ti mismo al hablar, harás muchas cosas con los brazos, excepto dejarlos a los lados sin que se noten. Comienza con una posición neutral manteniendo los brazos a los lados. Luego, usa tus manos para gesticular mientras hablas. Esto añadirá más fuerza al mensaje. No cruces o bloquees tus brazos, es una señal de bloqueo físico de la audiencia o de creación de una barrera.

Usa posturas corporales más abiertas, que te harán parecer una persona transparente, abierta, creíble y digna de confianza. No mantengas tu mano cerca de la parte superior del cuerpo. Esa parte del cuerpo debe estar abierta para que no haya ninguna barrera entre ti y el público.

Si estás sentado y dando un discurso, siéntate derecho e inclínate ligeramente hacia adelante. Lleva tu espalda un tercio adelante en el asiento, y luego inclínate ligeramente hacia adelante con la parte superior del cuerpo. Parecerás más autoritario, profesional, atractivo y creíble cuando te inclines hacia adelante. Inclinarse hacia atrás o encorvarse te hace sentir incómodo y no es útil cuando se trata de entregar el mensaje de una manera convincente.

Tus gestos deben ser animados y deben complementar el punto que estás tratando de hacer. No uses tus manos excesivamente; úsalas eficazmente. Los gestos deben enfatizar el punto que estás tratando de dar con más fuerza. Se puede usar para amplificar tu mensaje y darle más sentido. Por ejemplo, decir "tú" no es suficiente, pero decir "tú" y señalar a la audiencia hace toda la diferencia para enfatizar o amplificar el "tú".

Mientras que algunos oradores tienen el hábito de vagar al azar por el podio o el escenario, otros caminan a zancadas con más propósito. Se mueven con un mayor sentido de propósito y atención.

Sepan que cada paso que den se suma a su mensaje. Antes de empezar a hablar de un nuevo punto, da unos cuantos pasos. El movimiento hará que la audiencia se siente y se dé cuenta.

6. No pases por alto las preguntas y respuestas

Es tu mejor oportunidad para persuadir a tu audiencia cuando transmites tu punto de vista de una manera convincente y persuasiva, incluso después de que la presentación haya terminado. Sin embargo, puede haber muchas preguntas y desafíos. Los oradores tienen una oportunidad durante las preguntas y respuestas de disfrutar de un humor autodespreciativo, reformular la presentación y resumir el discurso para asegurar que no haya más malentendidos.

Permite que tu audiencia haga preguntas para mayor claridad. Haz preguntas para comprobar el nivel de comprensión de tu audiencia. Evita apuntar con el dedo a la persona que ha hecho la pregunta. En su lugar, mantén las palmas de las manos abiertas o una postura abierta para comunicar tu punto de vista a la audiencia de manera efectiva y convincente. Usa preguntas y respuestas para mantener a la audiencia enganchada a tu lado.

7. Evita confundir el tema con el propósito

Para empezar, hasta los mejores oradores confunden el tema y el objetivo/propósito. Si les preguntas el objetivo de tu charla, dirán que van a hablar de tal y tal tema. Sin embargo, ese es meramente su tema, no el propósito de su discurso. El propósito de su presentación es lo que están tratando de lograr a través de ella. ¿Quieres persuadir a la audiencia para que piense como tú? ¿Quieres venderles algo? ¿Intentas medir las preferencias o intereses del público?

La información o el tema es lo que vas a compartir, pero tu objetivo establecerá una estructura para compartir esa información. Obtener más claridad de propósito te ayudará a crear tu presentación de manera más efectiva. Cada vez que empieces a preparar un borrador para tu presentación, comienza con un objetivo claro en mente. Una vez que tu propósito o intención se establece, es fácil trabajar en cómo lo vas a lograr. Siempre digo esto: si tu "por qué" está claro, tu "cómo" encontrará una forma.

Capítulo 12. Cómo Usar El Método FORD Para Mantener Viva Cualquier Conversación

Todos hemos estado allí. Estás hablando con alguien, todo parece ir bien... y entonces la conversación muestra signos de ralentización, o incluso de parada total. Por suerte, hay un pequeño acrónimo que te salvará cada vez.

Recuerda - FORD

¿De qué es lo que más le gusta a la gente hablar? ¡De ellos mismos, por supuesto! Incluso los más considerados entre nosotros aprecian la oportunidad de airear nuestras opiniones y compartir nuestras experiencias de vida. Cuando te quedes sin cosas que decir, piensa en FORD.

F - Familia

Este es un tema de conversación universalmente relevante. Después de todo, todo el mundo tiene una familia. Incluso si están alejados de sus parientes o tienen una mala relación con ellos, ¡todo cuenta! Sin embargo, tómalo con calma. Saltar con una pregunta como: "Entonces, ¿te llevas bien con tu familia?"

te hará parecer un poco demasiado intenso. En su lugar, dirige la conversación al tema de tal manera que no parezca forzado.

Puedes hacerlo mencionando a tu propia familia. Por ejemplo, supongamos que estás en una clase de un profesor que te recuerda a tu excéntrico tío Andrew. Podrías mencionar este hecho de manera casual si quisieras proporcionar un puente natural a una conversación sobre los parientes.

Podrías decir, "Sabes, nuestro profesor me recuerda mucho a mi tío Andrew - ¡a ambos les gusta mucho hablar ridículamente en voz alta!" Esto proporciona una apertura natural para una discusión sobre familias en general, parientes extraños, etc.

Otra forma de dirigir el tema a la familia es mencionando una noticia relevante. Por ejemplo, podrías decir algo como, "Sabes, hay un nuevo estudio que dice que los hermanos mayores son más inteligentes que sus hermanos y hermanas menores".

La mayoría de la gente aprovecharía la oportunidad de responder en el contexto de sus propias experiencias. Por ejemplo, tu compañero de conversación podría decir, "Bueno, ¡no creo eso! Tengo una hermana mayor, pero es tan tonta como una roca!" Esto le daría la oportunidad de hacer más preguntas sobre el número de hermanos que tienen, por qué piensan que su hermana es tonta, y así sucesivamente.

Por supuesto, hay que recordar que algunas personas tienen un historial de trauma familiar y pueden no querer hablar del tema en absoluto. Si tienes la impresión de que se sienten incómodos, retrocede y pasa a otro tema.

Si los dos se hacen amigos, el tema probablemente surgirá más adelante, y es posible que se sientan más felices compartiendo sus antecedentes una vez que se sientan seguros a su alrededor.

O - Ocupación

Casi todo el mundo tiene una ocupación. Preguntar a qué se dedica alguien para ganarse la vida es bastante seguro, porque la mayoría de nosotros hemos sido educados para pensar que es una pregunta socialmente apropiada. Sin embargo, no cometas el error de hacer una serie de preguntas obvias que ponen a alguien en un aprieto. Mientras que hacer preguntas es una señal de interés, y generalmente es una buena estrategia, te arriesgas a entrar en el modo de interrogatorio o "modo de entrevista" si no tienes cuidado. Por ejemplo, digamos que te han presentado con una mujer y le preguntas qué hace para ganarse la vida. Te dice que es enfermera. En esta situación, la mayoría de la gente haría una serie de preguntas, como:

"¿Trabajas con adultos o con niños?"

"¿Cuánto tiempo llevas trabajando como enfermera?"

"¿A qué escuela fuiste?"

"¿Trabajas en turnos de noche, de día o una mezcla de ambos?"

El problema con este enfoque es que resulta bastante intenso. Es mejor preguntarle a la otra persona a qué se dedica, dar una respuesta meditada a su respuesta, y luego dejar que la conversación se desarrolle naturalmente.

Para continuar con el ejemplo de la enfermera, un comentario como, "Oh wow, siempre he admirado a las enfermeras. Parece un trabajo con mucha presión, y supongo que hay que tomar decisiones importantes todos los días", sería una buena respuesta.

Muy a menudo, no tendrás que lanzarte al modo de entrevista si das este tipo de respuesta, porque la otra persona se sentirá obligada a construir sobre lo que has dicho o a corregirte. Esto resulta en una conversación natural y una mejor relación.

Si tu compañero de conversación no está en el trabajo, puedes tomar el mismo enfoque cuando le preguntes sobre sus clases en la universidad o lo que le gusta hacer en su tiempo libre. Bajo ninguna circunstancia debes hacer bromas o comentarios clichés sobre la ocupación de otra persona.

Ya los han escuchado antes, y sólo te harás el tonto. Por ejemplo, ningún abogado quiere oír otra referencia a la persecución de ambulancias, y ningún veterinario quiere oír otro "chiste" sobre matar a las mascotas de la gente.

R – Recreación

Aparte de trabajar o estudiar, ¿qué hace todo el mundo? Participar en pasatiempos o perseguir sus intereses, ¡por supuesto! La recreación puede ser una mina de oro de la conversación si se aprovecha la oportunidad. Al igual que los trabajos y los cursos universitarios, la recreación es un área que la gente espera que surja en la conversación. Por lo tanto, es aceptable preguntar simplemente, "¿Qué te gusta hacer en tu tiempo libre?"

No te asustes si alguien menciona un oscuro hobby, o un interés que no te atrae en lo más mínimo. Admite que no sabes nada sobre su hobby pero deja claro que quieres saber más sobre sus vidas y experiencias. Di algo así como, "Oh, no sé mucho sobre eso, ¡pero sé que la gente que lo hace tiende a amarlo! ¿Qué es lo que más te gusta de esto?" Incluso si no estás en posición de entender lo que realmente están hablando, puedes construir una relación preguntando por sus sentimientos.

Ocasionalmente, puede que conozcas a alguien que esté demasiado ocupado trabajando para disfrutar de algún hobby. Estas personas valoran su trabajo por encima de todo, incluso si no les gusta hacerlo, y tienen pocos intereses en la vida. (Resiste cualquier impulso que puedas tener de decirles que su equilibrio entre trabajo y vida privada necesita algún ajuste, porque no escuchan.)

Hay dos enfoques que puedes tomar cuando hablas con un adicto al trabajo sobre sus hobbies e intereses. Si parece que disfrutan de su trabajo, haz que sea el centro de la conversación en su lugar. Si no, pregúntales qué les gustaría hacer si tuvieran algo de tiempo libre.

D - Sueños (Dreams)

Este es probablemente el más personal de los cuatro temas, pero si puedes mantener una conversación significativa sobre los sueños de alguien, se sentirán cómodos contigo. ¿Por qué?

Porque la mayoría de la gente alberga algún tipo de ambición o anhelo secreto, pero rara vez tienen la oportunidad de compartirlos con alguien más.

Los seres humanos quieren ser comprendidos y validados. Por lo tanto, si puedes escuchar los sueños de alguien sin juzgarlo, e incluso animarlo a perseguirlos, ¡pensarán que eres un conversador de primera clase!

No te lances directamente a preguntarle a alguien, "Entonces, ¿tienes algún sueño secreto o ambiciones no cumplidas?" Necesitas tomar una ruta más sutil. Por ejemplo, podrías usar uno de sus hobbies o intereses como trampolín, y hacer una conjetura educada sobre lo que sus sueños podrían ser.

Si alguien menciona que le encanta leer ficción contemporánea y escribir cuentos cortos, pregúntale si ha pensado alguna vez en convertirse en un autor profesional. No importa si tu suposición es correcta, porque eso moverá la conversación a cuqalquier otra cosa.

Otra opción es mover la conversación en una dirección más existencial. Házles una pregunta que les haga pensar: "¿De qué se trata?" Menciona un evento que te haya impactado, y díles que a veces comienzas a preguntarte si deberías tomarte más en serio tus propios sueños.

Esto normalmente establece una conversación sobre ambiciones no cumplidas. Podrías tomar un enfoque más directo y decirles sobre algo en tu lista de deseos que planeas hacer más adelante en el año. Esto te permite hacer una pregunta como: "¿Tienes una lista de cosas que hacer?" Si lo hacen, pregúntales qué hay en ella. Si no lo hacen, pregúntales qué es lo que más les gustaría conseguir antes de que se acabe su tiempo en la Tierra.

Sacar el máximo provecho de la estrategia FORD

Los cuatro temas del FORD son universales. Te permiten tener una conversación con cualquiera, desde niños pequeños a ancianos, y todos los que están en medio. Sin embargo, son más poderosos cuando los usas para explorar más allá de la superficie, y descubrir lo que realmente hace que alguien sea quien es.

Cuanto más se centra en los sentimientos y el significado en lugar de los hechos, mayor es la relación y más significativa la conversación. No te preocupes si la conversación toma un giro inesperado de los acontecimientos - estos temas están pensados como puntos de partida que funcionan bien como puntos de discusión por sí mismos, pero pueden convertirse fácilmente en un fascinante intercambio de experiencias y puntos de vista. La clave es evitar bombardear a alguien con preguntas, y mantener un equilibrio justo ofreciendo una cantidad similar de información sobre ti mismo.

Temas adicionales para la conversación

La estrategia del FORD te da cuatro grandes áreas que puedes extraer para la conversación, pero hay algunos temas más que pueden funcionar para mantener el diálogo. Asuntos de actualidad: Hace tiempo, la gente podía tomar una decisión de evitar completamente las noticias. Todo lo que tenían que hacer era evitar los periódicos y los programas de noticias. En realidad ya no tenemos esa opción - los principales temas del día aparecen como tendencias en los medios sociales, y casi todos los sitios de estilo de vida al menos tocan temas de actualidad.

Esta es una gran noticia para ti, porque significa que casi todas las personas con las que hables tendrán al menos una vaga idea de lo que está pasando en el mundo. No es una buena idea ver las noticias regulares con demasiada frecuencia - hay demasiada negatividad en la mayoría de los medios principales - pero mantenerse al día con los titulares te ayudará a encontrar un terreno común en la conversación. Prueba estas frases:

"Oye, ¿leíste por casualidad acerca de…?" "Así que estaba leyendo sobre [insertar evento interesante aquí - preferiblemente algo positivo]. ¿Qué piensas de eso?"

"[Tema interesante] está de moda en Twitter/Instagram/otra plataforma de medios sociales hoy en día, ¿lo viste por casualidad?"

Una advertencia - si vas a hablar de algo remotamente relacionado con la política o la religión, considera a tu audiencia.

Prepárate para desviar el tema si resulta que te encuentras con uno de esos temas de botón rojo. Si tienes la sospecha de que quienquiera que sea con quien estás hablando tiene puntos de vista bastante diferentes a los tuyos, es mejor que te ciñas a temas más ligeros. Si tienes dudas, habla del tiempo, las celebridades, las películas, los eventos deportivos, o cualquier otro tema que no genere demasiada controversia. No dejes que la conversación degenere en una pelea.

Mascotas: Mucha gente tiene mascotas, y aquellos que no, suelen desear tenerlas. Los dueños de mascotas forman fuertes lazos con sus animales. Si alguna vez has oído a un dueño de perro hablar durante media hora sobre la forma en que a Fluffy le gusta sentarse en el sofá y ladrar junto con la radio (sí, he tenido esta experiencia), sabrás que las mascotas pueden ser la puerta de entrada a una larga conversación. Puedes preguntarle a alguien si tiene mascotas, y si es así, cómo son. Otros caminos a explorar incluyen las mascotas que tu familia tuvo cuando estabas creciendo, y qué mascotas te gustaría tener.

Tu entorno: Esto funciona en casi cualquier situación. Simplemente, encuentras algo notable sobre el lugar en el que interactúas con la otra persona, y lo comentas.

Capítulo 13. Niveles De Comunicación

La comunicación con los demás se produce en varios niveles diferentes; cada uno tiene sus propias complejidades y matices. Los niveles en los que se produce la comunicación son: verbal, físico, emocional, auditivo y energético.

Estos cinco niveles de comunicación se conocen desde hace tiempo, pero la mayoría de la gente ni siquiera es consciente de ellos. Comprenderlos puede ser muy útil cuando una persona está tratando de mejorar sus habilidades de comunicación.

Nivel uno: Comunicación verbal

Aunque este puede ser el nivel más obvio de comunicación humana, la gente probablemente pasará toda su vida tratando de dominarlo. Este es el nivel en el que se guardan las palabras y se basa en la comprensión del significado entre el oyente y el hablante. Hay varias definiciones diferentes para la mayoría de las palabras, y muy pocas personas tienen el mismo significado para cada palabra.

Hay diferentes palabras que crean diferentes recuerdos, significados e imágenes para diferentes personas. El razonamiento y la lógica detrás de una declaración o argumento pueden influir en la eficacia con que se recibe el mensaje.

Hay varios tipos diferentes de habilidades de comunicación. Pueden ser cosas obvias como escuchar y hablar con claridad, hasta cosas sutiles como aclarar y reflexionar.

Escuchar y hablar con eficacia son las formas básicas de comunicación verbal. Para hablar con eficacia se requieren tres cosas: las palabras, cómo se dicen y cómo se refuerzan. Todo esto junto afecta a la forma en que se comparte el mensaje y cómo los oyentes reciben y entienden el mensaje.

Definitivamente vale la pena asegurarse de elegir las palabras cuidadosamente. Dada la situación, puede que tengas que elegir ciertas palabras. Por ejemplo, las cosas que le digas a tu compañero de trabajo serán diferentes a como le presentas una idea a los ejecutivos. A través de tu comunicación verbal, también puedes añadir un refuerzo. Refuerzo significa que usas palabras de aliento así como otros gestos no verbales como asentir con la cabeza, una sonrisa o contacto visual. Esto ayuda a crear una relación y permite que la otra persona sepa que quieres que continúe hablando.

Para comunicarte eficazmente a este nivel, debes asegurarte de utilizar las palabras correctas para la conversación y el contexto, lo que también incluye las diferencias religiosas, étnicas y morales. Debes asegurarte de ser conciso y claro.

Siempre que lo encuentres posible, crea tus pensamientos antes de hablar para no divagar. Esto puede ser un arte en sí mismo.

Nivel dos: Comunicación física

Con el origen de la PNL, la programación neurolingüística añadió más importancia a las señales visuales de nuestra comunicación. Las señales visuales, como las expresiones, la postura, la respiración, la posición, el movimiento, los gestos y el contacto visual, juegan un papel importante en la forma en que nos comunicamos y sentimos.

Cuando una persona utiliza técnicas como el reflejo y la correspondencia de los gestos y la postura de los demás, con integridad, puede aumentar la receptividad del mensaje de la persona. La comunicación física funciona complementando la comunicación verbal y pueden proporcionar resultados sorprendentes cuando se combinan los dos de manera efectiva. Hay ciertos trabajos y profesiones donde tu habilidad de comunicación física es importante.

Por ejemplo, en la mayoría de los eventos deportivos, es necesario ser capaz de entender y utilizar gestos y signos. Dentro de las agencias de seguridad, es una habilidad importante de entender considerando la naturaleza del trabajo. Los militares y la policía utilizan estas habilidades para evitar ser detectados por los enemigos. Los investigadores y detectives usarán estas habilidades para averiguar si alguien está mintiendo. Para ser un buen comunicador a nivel físico, ayuda el emparejarse físicamente con los demás. Necesitas conectar movimiento y forma. También puede ayudar observar los movimientos de las manos, las expresiones y la postura.

Nivel tres: Comunicación auditiva

El sonido de la voz, así como la velocidad, el volumen, el alcance y el tono, influyen en la forma en que el oyente recibe e interpreta el mensaje. Por ejemplo, si eres una persona que habla rápido, puedes encontrar útil reducir la velocidad de tu discurso cuando hables con alguien que sea introvertido y considerado; de lo contrario, corres el riesgo de no ser comprendido. La forma en que inflexiones, pongas énfasis y enuncies ciertas palabras afectará a la manera en que una persona interpreta lo que estás diciendo. La comunicación auditiva es muy común en otros animales, como la serpiente de cascabel. Cuando escuchas el cascabel de su cola, sabes que probablemente deberías alejarte. Los pájaros son otra especie que da mucha importancia a la comunicación auditiva.

Para comunicarte eficazmente a este nivel, asegúrate de que eres consciente de las diferentes señales auditivas. Intente hablar con los demás de una manera similar a como ellos hablan.

Nivel cuatro: Comunicación emocional

Hay muy pocas personas que aprecian la eficacia de nuestro estado emocional cuando nos comunicamos y cómo los mensajes son interpretados por el oyente. El patetismo de Aristóteles nos muestra una apelación a las emociones de la audiencia.

¿Tiendes a ser más receptivo a una persona que es reafirmante de la vida y positiva o a una persona que es más crítica? ¿Te gusta escuchar a gente aburrida o a gente entusiasta? Las emociones del orador ponen al oyente en un cierto estado de ánimo e influyen en la forma de interpretar lo que se ha dicho. Si te aseguras de que eres consciente de las emociones, entonces podrás comunicarte más eficazmente porque podrás notar las emociones de tus oyentes. Esto te da una oportunidad para cambiar la conversación si es necesario para ayudar a hacerlos más receptivos.

Para poder comunicarte bien a este nivel, es importante que seas más consciente de tu estado emocional, aprende a hacer una pausa y a deshacerte de las emociones negativas antes de intentar conectar con otra persona. Las palabras que se pronuncian con miedo, orgullo o ira rara vez terminan siendo bien recibidas.

Nivel cinco: Comunicación energética

A veces denominada comunicación psíquica, este tipo de comunicación incluye una amplia gama de factores invisibles, que incluyen la conciencia, la armonía o la frecuencia del mensaje, y otros tipos de energía más sutil.

Hay algunas personas que parecen tener una presencia única que puede proporcionar naturalmente a una persona un mensaje claro para que lo entienda fácilmente y sea receptivo a él. Cada criatura viviente, en algún nivel, se comunica a través de energía y vibras, y nosotros, en su mayor parte, ni siquiera lo notamos. Piensa en esto: cuando las personas se colocan entre los caballos, los caballos responderán a la energía de una persona.

Si sienten que la persona le teme a los caballos, es probable que se queden lejos de ellos.

Estas energías que podemos leer de los demás están influenciadas por las emociones, como en el último nivel. Lo sepas o no, es probable que haya habido cosas de las que te hayas echado atrás o que hayas rechazado a hacer algo basándote en la "vibración" que recibiste de alguien. Por eso quieres asegurarte de que no estás enviando vibras de "No" cuando quieres comunicarte con una persona. Para poder comunicarte bien a este nivel, es importante que tengas altas intenciones para el bienestar de tu oyente. Esto va a requerir un muy buen nivel de atención que se cultiva típicamente a través de la práctica de la compasión. Cuando te aseguras de que estás centrado en un estado de dominio, es más probable que seas capaz de acceder a esta dimensión que tiene un gran conocimiento de los demás, lo que te ayudará a comunicarte más fácilmente.

Los cinco niveles tienen que ser puestos juntos para ser un comunicador efectivo. El nivel verbal son las cosas que decimos. Los niveles físico, energético, auditivo y emocional son la forma en que transmitimos nuestro mensaje.

Todos son interdependientes porque cada nivel afecta al siguiente.

Por ejemplo, la forma en que nos sentimos emocionalmente va a afectar nuestro lenguaje corporal y el campo general influye en nuestras emociones. Simplemente notar estas cosas puede ser útil.

Cuando somos capaces de detectar las complejidades de la comunicación humana, podemos ser más pacientes en la forma de hablar con los demás y, a su vez, ser más compasivos con nosotros mismos y con los demás.

Capítulo 14. Cómo Usar El Contacto Visual Para Una Mejor Comunicación

Tus ojos dan crédito a tus mensajes hablados. Le dan al mensaje mucho de su significado, e influyen en si el oyente cree y confía en el mensaje.

En una conversación, ¿quién le da a la otra persona, al oyente o al orador un contacto visual más directo? La mayoría de las veces es el oyente (siempre que esa persona haga un esfuerzo por escuchar).

¿Qué hace el orador ocular? El orador suele mirar a la persona con la que está hablando, pero muy a menudo sus ojos vagan recogiendo pensamientos sobre qué decir a continuación. Otros también están:

- Mirando hacia el cielo
- Mirando al suelo
- Mirando por encima del hombro. Casi mirando justo dentro de ellos mismos

La técnica de contacto visual de habla asertiva funciona de manera diferente: cuando se transmite el mensaje, se tiene un contacto visual constante y genuino con la otra persona. Así es como se utiliza esta herramienta:

Haz Contacto Visual Constante. Cuando hablas con ellos, la idea es mirar a los hombres. El secreto es el contacto visual constante. Sin embargo, constante no significa fijo. Hay cegamiento anticipado y natural y visiones ocasionales.

Añade un toque de honestidad a tu mirada, y atrae la atención de la gente hacia ti y tu mensaje. Esta sutil herramienta tiene un efecto fuerte y positivo.

Pruébala. Pídele a alguien que reciba tu carta, y envíasela dos veces. Haz que sea un mensaje corto de dos o tres frases y comienza diciendo, "Es algo que es importante para mí..." Di tu mensaje primero cuando envíes un contacto visual constante; luego repite el mismo mensaje que se mira a otro lado la mayoría de las veces. Pídele al sujeto de prueba que te haga saber qué mensaje provocaría una respuesta más favorable.

¿A qué forma respondió la otra persona más favorablemente?

Cada vez que se encuentra el contacto visual constante, gana. La gente escucha menos cuando hay poco contacto visual con el orador. Su atención se desvía. Pero el efecto se vuelve magnético cuando se mantiene el contacto visual constante.

Llama la atención de las personas a ti y les permite responder a tu mensaje.

Mantener El Contacto Visual. La gente a menudo pregunta cuánto tiempo puedes mantener el contacto con tus ojos. Seguro que no hay un tiempo establecido para mantener el contacto visual y luego apartar la mirada brevemente. No hay reglas para la vida y las relaciones. Más bien, cuanto más familiar sea y cómoda una relación con alguien, cuanto más tiempo se pueda mantener el contacto visual para cualquiera de las partes sin ninguna molestia. En términos generales, el contacto visual puede variar fácilmente de 6 a 20 segundos en encuentros uno a uno, mientras que en situaciones de grupo, el tiempo es menor por persona, de tres a seis segundos, porque quieres llegar a todos dentro del grupo.

Mira En Los Lugares Correctos. Mira directamente a la cara de tu audiencia, cerca de sus ojos. Mirar hacia arriba y hacia abajo la cara toma menos atención de la audiencia, y puede hacer que el oyente se sienta incómodo.

Evitar Las Trampas Del Contacto Visual

Cuando hables con los demás, evita los comportamientos de contacto visual que hacen que tu mensaje sea menos asertivo, como:

Estructuración Y Mirada: esta forma de contacto visual se encierra y a menudo tiene una sensación amenazadora. Estos gestos son a menudo percibidos como violentos, lo cual es demasiado poderoso para cualquier puesto. Comenzar y simultáneamente mirar por debajo del nivel de la cara causa incomodidad y puede incluso ofender al oyente.

Mirar Alejado Y Alrededor: Este es el escollo más común para los oradores cuando se trata de contacto visual. Ya sea que estén buscando sus pensamientos o estén profundamente inmersos en sus mensajes, los oradores que tienen poco o ningún contacto visual hacen que los oyentes se alejen.

Los oradores que mayormente miran hacia abajo cuando se dirigen a otra persona - especialmente cuando el mensaje es sobre un tema sensible - disminuyen la importancia de sus mensajes. Como si no pudieras mantenerte firme detrás de tu propio mensaje, te coloca en la vía no asertiva.

Miradas De Dardo: Miradas inesperadas hacia y desde el oyente. Haces creer al receptor que estás mirando algo especial o que te falta algo más. Las miradas de lanzamiento suelen crear una distracción para el oyente, que entonces pierde el énfasis de tu mensaje.

Parpadear Excesivamente: Parpadear es una característica normal de los ojos. Sin embargo, cuando lo hacen tan rápido y a menudo que se oye el parpadeo causa una distracción para el oyente. Puede hacer que tu audiencia se sienta nerviosa por lo que se supone que debes decir. Cuando, en un abrir y cerrar de ojos, insinúas que no tienes confianza en tu puesto, el receptor también lo hace.

Centrarse En Una Persona, No En Todos:

Este comportamiento, como las reuniones, ocurre en situaciones de grupo. Una cosa es estar hablando con alguien que te hizo una pregunta. Pero, si tu contacto visual se mantiene con una sola persona, no dando contacto visual al resto de tu audiencia, los otros oyentes se sienten aislados y dejados de lado, lo que usualmente crea frustración e impide que escuchen realmente tu mensaje.

Quedarse Perplejo: Esto es perfecto para las rosquillas y los jamones, pero no es bueno para la conversación. Ocurre a menudo cuando estás demasiado absorto en tus propios pensamientos, o cuando pierdes el hilo de tu pensamiento. Una vez no es gran cosa, pero durante una conversación, ha sucedido más que eso y parece que no has sintonizado tu propio mensaje. Si no lo haces tú mismo, no esperes que otros lo hagan.

Tu Cuerpo Está Hablando; Asegúrate De Que Está Apoyando Tu Mensaje

El lenguaje corporal se aplica a todo lo que haces con tu cuerpo para transmitir tu mensaje, como las expresiones faciales, la postura y los movimientos. El concepto detrás del habla asertiva es incluir estos diversos gestos y signos en tu mensaje; es decir, cobrar vida cuando hablas.

Usar El Lenguaje Corporal Para Hacer Que La Transmisión De Tu Mensaje Sea Efectiva

Debes decidir qué hacer con tu cara y tu cuerpo cuando hablas: puedes usarlos o mantenerlos dormidos. Puedes usarlos en términos asertivos de manera que comprometan a los demás positivamente en tu mensaje y te permitan dar la impresión de estar seguro, animado y relajado.

Confianza significa un sentido de certeza en lo que tienes que decir. Animado significa que mientras lo dices, estás vivo. Y cómodo significa que estás a gusto cuando hablas. Nadie quiere escuchar durante mucho tiempo a una persona que está confundida, rígida y tensa. Así es como se utiliza el método del lenguaje corporal:

- **Postura**: La postura es cómo te sostienes y te posicionas. Siéntate y mira a tu receptor como una forma asertiva de expresar tu mensaje. A menudo, inclinarse un poco hacia adelante también es beneficioso. Muchas comunicaciones significativas surgen cuando estás solo - o deberían estarlo, si no. Siéntate en tu silla ahora mismo si lo deseas.

¿Qué es lo que sientes? Estás más atento. Avanza un poco con tu puesto y tendrás una presencia más dominante. Sentarse ayuda a poner tu voz en una posición fuerte también. Así que conocer a la audiencia directamente te anima a comprometerte con él o ella de forma positiva.

- **Las Expresiones Faciales**: Técnicamente, al hablar, no puedes ver tu cara a menos que uses un espejo y te lo muestres.

Sin embargo, puedes sentir lo que tu cara está haciendo. Probablemente sabes cuándo sonríes, cuando tienes una mirada de preocupación, o cuando tienes un fuerte sentimiento sobre algo. Tu expresión transmite esos sentimientos hacia los demás. La idea de ser asertivo al expresarse es mostrar la vida positiva a través de las expresiones faciales. Puede que hayas escuchado una expresión que pone una sonrisa en tu cara. Sonreír es hacer que los demás suenen más animados mientras él o ella hablan.

Con una sonrisa, los músculos de tu cara cambian ayudan a captar la inflexión de tu voz. Esa es la premisa. Ten las expresiones faciales que se ajusten a lo que dices en tu carta. Hacerlo añade confianza y honestidad a tu mensaje, una doble dosis que inspira positivamente a la gente a querer escucharte. Tus expresiones faciales tienen un impacto significativo en la forma en que la gente interpreta tus mensajes. De verdad, mira esto. Dile a alguien que reciba tu mensaje dos veces, y que se lo envíe dos veces. Que sea un mensaje corto de dos o tres frases y empieza diciendo: "Es algo que es importante para mí..." Di tu mensaje mostrando primero mucha atención en tu expresión facial, y luego repite el mismo mensaje con una mirada vacía de cualquier emoción. Pídele a tu sujeto de prueba que te diga qué mensaje evoca una respuesta más favorable que la otra persona respondería más favorablemente a qué mensaje. El mensaje se ve mejor para apoyar la comunicación verbal con las partes interesadas. Mira, la no-expresión está en contradicción con el mensaje. Probablemente también notará que cada vez, su voz suena un poco diferente de vibrante a monótona. Tu objetivo está en línea con tu mensaje cuando tienes tus expresiones faciales firmemente detrás del mensaje. Y mantén tu barbilla en alto y haz que esa cara tuya viva cuando expreses tu palabra.

- Gestos: Los gestos son lo que haces mientras te comunicas con tus manos. Conozco a esas personas a las que se les dijo que no hablaran con sus manos cuando eran más jóvenes. Yo también escuché ese mensaje cuando era niño, preguntándome si algo malo pasaría si hablabas con tu boca. ¿Qué tan injusto es usar tus manos para decir algo? ¡Ni una sola cosa! En realidad, si no utilizas ningún movimiento cuando hablas, eres más peligroso (en términos de aburrir a otras personas). Usar gestos para aseverar, ayudar a que el mensaje fluya adecuadamente, y básicamente para puntuar o ilustrar los puntos clave cuando estás hablando. Durante las reuniones informales y sociales interacciones, la gente a menudo hace precisamente eso. Sólo añade ese mismo compromiso a tus mensajes críticos relacionados con el trabajo.

También puedes notar que tus movimientos contribuyen a tus expresiones faciales, ayudándote a transmitir tu mensaje dentro de tu propio estilo de manera animada. (El hueso de la mano está unido al hueso de la cara... Canten todos, ahora).

Evitar Las Trampas Del Lenguaje Corporal

¿Te gustaría ver tu postura, tus expresiones faciales y tus movimientos tranquilos, animados y relajados? Sé que quieres que tu postura, expresiones faciales y gestos se vean como confiados, animados y relajados, sin embargo, otras conductas te hacen menos asertivo y generan emociones que van desde el desinterés hasta el disgusto.

- ENCORVARSE: Muchas sillas de oficina son muy cómodas, especialmente las grandes y cómodas que se ven a menudo en las salas de conferencias. Fomentan el sentarse y relajarse. Desafortunadamente cuando haces eso, independientemente del tipo de silla en la que estés, te encuentras demasiado cómodo. También se pone más energía detrás de tu discurso. Estar encorvado no era bueno en la mesa de la cena, como te podrían haber dicho de niño. Tampoco es bueno si quieres que alguien interactúe de forma asertiva y que se le tome en serio.

- INVADIR EL ESPACIO PERSONAL: Este problema se agrava cuando la gente se pone de pie y trata de entablar una conversación animada. Es el lugar en el que te acercas demasiado a la otra persona para que te reconforte. Ciertamente, si esa persona se inclina lejos de ti, es una señal segura de que has cruzado la zona de confort del espacio físico.

Capítulo 15. Comunicación Y Relación

La excelente comunicación es un elemento significativo de todos los asuntos y es un ingrediente importante de cualquier buena relación. Todo asunto tiene dificultades; sin embargo, una buena comunicación puede hacer que sea sencillo manejar los desacuerdos y hacer una relación más fuerte. La gente entiende lo vital que es la interacción, sin importar lo que sea la comunicación y cómo la gente puede aplicar una excelente comunicación en sus asuntos. La gente regularmente deja perpleja a la comunicación por hablar o hacer una discusión, y esta es la razón por la que varias de estas personas son tan improductivas cuando se trata de cómo interactuar de manera efectiva. La comunicación en un asunto, en el mejor de los casos, se trata de enlazar y aplicar sus habilidades orales, impresas y físicas para cumplir los deseos de su pareja. No se trata de hacer una pequeña charla. Se trata de entender la posición de su pareja; dar apoyo y permitir que su cónyuge sepa que usted es su admirador.

Antes de que usted luche por desarrollar su comunicación en una aventura, usted requiere entender que no todo el mundo tiene las mismas inclinaciones de comunicación. A varias personas les gusta hablar de algún deseo de contacto mientras que otras personas son visuales o reaccionan mejor a la entrega de regalos que a una conversación externa de pensamientos. Todos son inimitables y reaccionan a diferentes motivaciones de diferentes maneras, y una interacción eficiente con tu cónyuge vendrá de la aceptación de esto. Tu cónyuge puede estar diciéndote con precisión lo que requiere, sin embargo tienes que ser consciente de cómo te expresan este mensaje. Si hay una falta de comunicación, perderás la oportunidad de desarrollar la confianza y la seguridad, y ambos se sentirán agravados en el asunto.

Debes estar disponible en tu relación

Para desarrollar la comunicación en las relaciones y darte cuenta con precisión de lo que tu cónyuge te está comunicando, está presente. Dedica tiempo y entrégate al cien por cien a conversar con tu cónyuge. Él o ella deben sentir verdaderamente que tiene tu concentración total y que él o ella es tu principal preocupación. Es intrincado prestar atención y estar disponible, consciente y atento cuando estás molesto y preocupado o estás luchando con asuntos que necesitan tiempo lejos de tu vínculo. Este es un componente de la vida; sin embargo, es vital entender que no es una justificación para abandonar la comunicación en una relación. Ten en cuenta que la cercanía, el amor y la dependencia se desarrollan cuando las relaciones son complicadas, no cuando son sencillas. Si nos rendimos en cada marca de la lucha, nunca podremos desarrollarnos y progresar. Aprovecha estas oportunidades para descubrir cómo tratar con el desacuerdo y la presión de una manera saludable y observa cómo se desarrolla y prospera con tu cónyuge.

Desafía el dejar que una conversación fácil sobre lo que está sucediendo actualmente se descentralice en una repetición de cada error que haya ocurrido entre ti y tu cónyuge. Esto es lo contrario de una comunicación cuidadosa y eficiente en una aventura. En lugar de eso, revisa las circunstancias actuales y descubre lo que podrías hacer en este momento. Haz una pausa y memoriza por qué estás en la relación y recuerda que tu objetivo, el resultado que aprecias, es reforzar tu relación, crear intimidad y descubrir cómo hablar mejor. Cómo conversar de manera efectiva es más que expresar los sentimientos correctos. También debes estar atento al lenguaje corporal. Alguien podría darle todas las palabras cariñosas y amables del mundo a su cónyuge, sin embargo, si sus manos están dobladas en la parte superior de su cuerpo y tiene el ceño fruncido, es poco probable que su cónyuge reaccione positivamente. La forma de conversar en una asociación implica prestar atención, cuidar y apoyar todo su esfuerzo. Inclínate hacia tu cónyuge, mantén tu mirada calmada y abierta, y dale golpecitos de manera moderada. Demuéstrale a él o ella a través de todos tus términos, acciones y expresiones que lo o la quiere incluso si está en desacuerdo.

Sé sincero.

Retirarse del desacuerdo parece deshonestamente seguro y tranquilo, sin embargo, no es una alternativa para la confianza en un asunto, y nunca te ayudará a descubrir cómo comunicarte de manera efectiva. Alejarse de una pelea es un método momentáneo de tratar con una preocupación constante de comunicación y debe hacerse para lograr un corto tiempo de reposo. Cuando difieras con tu cónyuge, debes ser capaz de confiar en que lo que hablas será escuchado y apreciado, y también lo hace tu cónyuge. Cuando tú o tu cónyuge no están entusiasmados con el desacuerdo, pueden llegar a ocultar sus sentimientos para satisfacerse mutuamente y evadir los problemas. Esta tirita de mediación momentánea convierte un asunto de colaboración en un camino de un solo sentido, y eso no es un buen resultado. La alegría y la cercanía que solían tener se desgastarán progresivamente, y se necesitará la asociación con ella. Por otra parte, en lugar de no prestar atención a los asuntos, es vital que ambos descubran cómo conversar eficazmente el uno con el otro.

Comunicación efectiva para la seducción

El trabajo de seducción es un entretenimiento delicado y seductor, que implica usar la cantidad correcta de exhibición o camuflaje, magnífico o revelador vagamente, declarando algo, pero no revelando mucho. Este discontinuo entre un individuo y el otro juega un gran papel en la comunicación seductora en la que el propósito de disminuir el espacio interpersonal con la esperanza de aumentar la cercanía está fuertemente enredado con el deseo de salvar el orgullo en caso de rechazo. También se refiere a la preferencia de los actos comunicativos, que es deliberadamente alusiva: para ser competente, debe implicar dar una pista de lo que se expone sin iluminar demasiado. La simplicidad y los datos de referencia no son seguramente los aspectos idiosincrásicos de la interacción seductora; de hecho, lo que parece importar más es la forma en que se juega el partido, en lugar de los componentes del partido en sí.

Por esta singularidad, el contacto seductor se destaca en su derecho personal como una punta de examen en las maneras comunicativas. Principalmente hace probable el escrutinio de las conexiones entre las diversas estructuras de expresión y explicar alguna táctica de oblicuidad y habilidad de camuflaje, que se definen como tipos de mala comunicación.

La comunicación en el matrimonio

El buen matrimonio florece en el libre intercambio de sentimientos, deseos e ideas. Además, la interacción es una de las características más significativas de un matrimonio agradable. Los matrimonios experimentan tiempos difíciles, que pueden alterar la forma en que los cónyuges conversan entre sí. Varios cónyuges se comportan mal y crean patrones poco útiles cuando las cosas no funcionan bien. Una excelente comunicación es la base de un matrimonio feliz. Varios matrimonios pueden salvarse si los cónyuges mejoran la manera en que hablan entre ellos. A menudo es el comportamiento terrible más simple el que pone a la pareja en dificultades. Cuando un matrimonio cae en un camino accidentado, se desarrolla la falta de construcción. Los problemas se disparan cuando ambos miembros de la pareja duplican su culpa repetidamente.

Gritarle a tu pareja

Si te sientes molesto, posiblemente empieces a subir el tono. La rabia crea ansiedad. A medida que se desarrolla el nerviosismo, buscas la manera de dejarlo ir o de decirlo. Gritarle a tu pareja se convierte en una elección inmediata y fácil, aunque frecuentemente causa más dificultad que ayuda. Puede ser excelente soltar tu ansiedad en tu pareja cuando él o ella te molestan, sin embargo, la sensación de realización es regularmente transitoria, lo que hablas en tu condición irritada se espera que añada leña a la hoguera.

Los gritos desencadenan muchos sentimientos fuertes y poco entusiastas. Independientemente del mensaje que estés tratando de conversar en ese punto, el sentimiento será el punto focal.

No es que no puedas expresar varios sentimientos fuertes cuando hablas. Sin embargo, los gritos van más allá del contorno. Se trata de un intercambio de sentimientos intensos más que de expresiones inequívocas comunicadas. Incluso si tu sentimiento es la información que quieres compartir, un intercambio totalmente sentimental podría fácilmente convertirse en una fatigosa y negativa rutina. En alguna posición, los sentimientos requieren brotar de una manera que te permita pasarlos, no estimularlos.

Permite que tus expresiones hablen

Si pudieras mantener tus sentimientos bajo control, tu punto de vista podría ser realmente aceptado. Esto no implica que debas intentar empujar tus sentimientos fuera de la pista. Pueden ser un elemento vital de tus circunstancias. Sin embargo, recuerda que todo el propósito de la comunicación es ser comprendido inequívocamente. Para ello, tu camino de comunicación debe seguir dos vías. Los sentimientos extremos se meten en eso. Tómate el tiempo necesario para ayudarte a conducir la ola de emociones y permitir que se queden por separado.

Otra alternativa es tomar un brote de trabajo rápido antes de continuar la discusión. El ejercicio es un maravilloso reductor de presión y puede desviarte fácilmente de tus poderosos sentimientos. Es difícil concentrarte en tu difícil situación si estás casi sin aliento. También puede ser conveniente anotar los temas que deseas declarar para que tengas cuidado de transmitir tu punto de vista de manera notable. Es bueno tomarse el tiempo para discutir un tema que te hace emotivo. Resolverás la crisis sin esfuerzo si mantienes a tu pareja de tu lado en vez de alejarla.

Evita la mentalidad asesina

Puede que tengas que ser competitivo en el juego en algunas regiones de tus días, pero tu matrimonio no es una de esas regiones. Cuando un individuo es constantemente el conquistador, ambos compañeros pierden. Cuando te ves haciendo un caso en tu cerebro con evidencia de apoyo para cada diferencia, podrías triunfar en el desacuerdo cada vez. Sin embargo, puede que agotes y desanimes más a tu pareja que otra cosa.

El deseo de tener éxito

Un individuo con dudas emocionales puede sobre-compensarlas intentando parecer más grande de lo que intenta su pareja. Si él o ella sigue teniendo éxito, se sienten mejor y más positivos. Puede que tengan dificultades para ser susceptibles, incluso con su compañero. Hacerlo podría revelar sus dudas. Esto podría entrar en conflicto con su confianza en que son victoriosos. ¿Tu pareja agota tu éxito en el baile y tú requieres tener siempre la última palabra? Tal vez sólo desean que bajes.

Tal vez es mejor que estén a tu lado cuando demuestres tu culpa. Puede que no estés acostumbrado a que tu pareja muestre amabilidad hacia ti. Cuando te casas con un buen individuo, no tienes nada de que preocuparte y todo para ser feliz. No tienes que tener éxito para sentirte feliz.

Evita ser egocéntrico

¿Has dejado de prestar atención constantemente a la charla que se está produciendo en tu cerebro? En la mayoría de los casos, se centra en lo que pareces, en cómo te confundes y en lo que tienes en tu agenda.

Lógicamente, esta charla es algo injusta porque es de tu percepción. Sin embargo, ¿qué hay de la charla que se refiere a tu pareja? ¿Se refiere a cuánto disfrute tendrás, lo que anticipas de tu pareja, y qué tipo de disposición estás experimentando?

Acepta la opinión de tu pareja

La amabilidad y el comportamiento comprensivo pueden ayudar mucho a fomentar un buen matrimonio. En lugar de especular si alguna vez llenarán el lavavajillas correctamente, haz algo que entiendas que tu pareja valorará. Cuando mantienes un modelo de ser amable y considerado con tu pareja, finalmente hablarán o harán algo como reacción. Pueden encapuchar sus comentarios, ya que no reconocen si esta tendencia continuará. Podrían ser pacientes para ver si esta amabilidad es un truco publicitario o una serie de rutinas frescas y positivas. Cuando se den cuenta de que eres real y constante con tu trabajo duro a lo largo del tiempo, tu punto será comprensible. Deja pasar esos sentimientos egocéntricos y continúa haciendo cosas adorables por tu pareja. Además, es posible que no se sienta adorada al principio si hace este tipo de trabajo. Si tu cónyuge no habla, puede que se pregunte por qué estás luchando. Cuanto más lo intentes con gran corazón, más te sentirás, como es lógico, amable y adorador de tu pareja.

Capítulo 16. Cómo Utilizar Las Habilidades De Comunicación Para Los Negocios

La comunicación es una parte importante de todos los auspicios en la vida. En los negocios, es una habilidad crítica en todas las etapas. Tanto si acabas de empezar el negocio como si llevas un tiempo en él, la comunicación efectiva es importante para ayudarte a tener éxito.

A lo largo de tu carrera te has encontrado con diferentes personas cuyos métodos de comunicación varían de vez en cuando. En cada uno de tus encuentros, debes haberte dado cuenta de la importancia de transmitir tu mensaje.

La comunicación efectiva te ayudará a trabajar más inteligentemente y a llevarte mejor con tus compañeros de trabajo. También es importante establecer conexiones más fuertes con tus compañeros de trabajo y crear un entorno empresarial propicio.

Esto es necesario si quieres tener un equilibrio saludable en el trabajo.

Comunicación escrita en el trabajo

La forma más común de comunicación en cualquier lugar de trabajo es la comunicación escrita. Esto se aplica particularmente a la interacción formal. Escribes correos electrónicos, memorandos y demás. Por supuesto, todavía comprometerás a tus colegas y clientes a través de la comunicación verbal, pero la comunicación escrita tiene un aspecto oficial.

Una de las razones por las que la comunicación escrita es clave en un entorno formal es porque te permite llevar registros. Siempre tendrás un registro de los correos electrónicos enviados y toda la correspondencia con los clientes y tus colegas.

Durante las reuniones oficiales, se designa a alguien para que escriba las actas que se archivan para futuras referencias. Para la comunicación escrita, una habilidad importante que debes dominar es cómo argumentar tu posición amigablemente. Más a menudo se escriben informes, y otras formas de comunicación en las que se requiere dar tu opinión sobre algo. Para ello, intenta utilizar ejemplos y conjuntos de datos específicos que te ayuden a comunicar el mensaje deseado.

En un entorno empresarial, es importante asegurarse de que toda la comunicación sea breve pero lo más informativa posible. No querrás confundir a la audiencia con información innecesaria que robe su atención de las cosas importantes. Además de proporcionar la información necesaria, otra habilidad importante que debes dominar en la comunicación escrita es realizar seguimientos de vez en cuando.

Esto es importante porque te ayudará a asegurarte de que el destinatario tiene toda la información que necesita y entiende lo que se le exige. Sin la retroalimentación, es posible que no sepas si responderá en consecuencia hasta que lo haga, lo que podría ser demasiado tarde.

La realización de seguimientos también es importante en el sentido de que te permite asegurarte de que todos los que reciben el comunicado están trabajando activamente en el cumplimiento de sus objetivos prescritos.

Conviértete en un oyente activo

Todos los días nos comunicamos con personas a diferentes niveles. Tomando un ejemplo del lugar de trabajo, interactúas con colegas junior y senior todo el tiempo. También tienes colegas que operan a tu nivel que consideras tus compañeros.

En la interacción humana, los niveles de antigüedad suelen influir en la forma en que nos comunicamos de vez en cuando. Crea un nivel de sesgo que afecta la comunicación.

Es importante asegurarse de que todos estén en la misma página, y en presencia de tales sesgos, esto se convierte en un problema. Más a menudo hay una predisposición en muchas empresas donde los empleados senior y los empleados junior sienten que ninguna de las partes escucha a la otra. La escucha activa es algo más que escuchar lo que dicen los colegas, también se trata de centrarse en las emociones y la intención que hay detrás del mensaje. Sus puntos de vista y opiniones no siempre son la última palabra. Esta es una de las cosas más importantes que debes tener en cuenta cuando escuchas a las personas en una conversación. Escuchar significa que les permites formar parte de la conversación también.

Consideras sus pensamientos, opiniones y expresiones. Les muestras que su punto de vista sobre el problema o la solución está siendo considerado en la situación a la que te diriges. Lo mejor de escuchar a las personas en la conversación es que se dan cuenta de que son igualmente importantes, y sentir que están involucrados en el proceso ayuda a crear un ambiente de negocios amigable. Hay que aprender más que a escuchar a la gente, hay que aprender cómo y cuándo hacer una pausa en la conversación para que el público pueda intervenir.

También necesitas aprender cómo animarlos a participar haciendo las preguntas adecuadas. La idea es ayudarlos a participar y a formar parte de la conversación, y no sólo a los oyentes pasivos que tal vez ni siquiera estén dispuestos a estar allí en primer lugar.

Mejorar la comunicación verbal

En el lugar de trabajo nos comunicamos de diferentes maneras. La mayor parte de la comunicación está escrita por razones formales, pero esto no debe quitarle importancia a la comunicación verbal efectiva. Tú involucras a la gente todo el tiempo, así que deberías aprender a comunicarte con ellos también. Las opiniones, los pensamientos, las ideas y las actualizaciones se comunican a menudo de forma verbal.

Esto sucede en reuniones y encuentros oficiales y no oficiales. De la misma manera que se enfatiza la claridad en la comunicación escrita en el trabajo, lo mismo se aplica a la comunicación verbal. Tu interacción debe ser específica y concisa. Hay tanta información que la gente se encuentra durante el día que la sobrecarga de información es un desafío común en muchos espacios de trabajo. Debes evitar añadir a esta carga manteniendo conversaciones breves cuando sea necesario.

A la luz de los recientes avances tecnológicos, nos encontramos con mucho ruido tecnológico en el lugar de trabajo, y como resultado muchas personas tienen un período de atención muy corto.

Esto también podría estar influenciado por otros factores como los plazos que están trabajando duro para superar, la presión de las influencias externas e internas y así sucesivamente. Teniendo en cuenta estas influencias, es prudente asegurarse de que la comunicación verbal se maneje de manera adecuada. Lo mejor de la comunicación verbal en el trabajo es que ayuda a los empleados a involucrarse entre sí por razones mutuas. Pueden usar esto para aclarar cualquier cosa que no entiendan, pedir permisos, etc.

Cuando se maneja adecuadamente, la comunicación verbal ofrece el mejor apoyo para la comunicación escrita y otras formas de comunicación y puede ayudar a que el lugar de trabajo sea mejor y más complaciente para todos.

Comunicación interpersonal

A menos que trabajes con robots, las habilidades de comunicación interpersonal son necesarias en un ambiente de negocios. Estas habilidades te ayudan a establecer y fomentar relaciones sólidas con tus colegas y otros interesados en el negocio. Las habilidades de comunicación interpersonal también son importantes para crear un elemento de confianza.

Es más fácil relacionarse con las personas en las que se confía que con aquellas en las que no se confía. La necesidad de habilidades de comunicación interpersonal adecuadas es que ayudan en muchos casos en los que las situaciones con los empleados pueden terminar en un punto muerto.

Si se pueden involucrar unos a otros, es más fácil encontrar un terreno común buscando formas alternativas de manejar los asuntos.

Las habilidades de comunicación interpersonal también son necesarias para crear un sentido de empatía en la empresa.

Dada la interacción con los colegas, se entiende su perspectiva y lo que están pasando, por lo que en muchos casos se entenderán mutuamente más allá del contenido de la conversación, guiados por el contexto subyacente.

En la medida en que se opera en un entorno empresarial, la comunicación interpersonal te da las habilidades necesarias para ayudarte a comunicarte y conectarte con los demás a nivel personal.

Los entornos empresariales en los que hay una comunicación interpersonal de calidad suelen ser complacientes y emocionantes para los empleados. Las personas se entienden entre sí y se esfuerzan por ayudarse mutuamente. Esto también es bueno para su bienestar general.

Conclusión

El valor y la importancia de la comunicación en el mundo de hoy, es más importante que nunca. A medida que la influencia de la tecnología se incrusta más profundamente en nuestras vidas, es cada vez más crucial que aprendamos a comunicarnos mejor y más eficientemente.

Hoy en día hay muchas maneras de interactuar entre nosotros. Como resultado, te das cuenta de que con el tiempo pasamos menos tiempo en la comunicación interpersonal, con la mayor parte de nuestra comunicación teniendo lugar a través de Internet a través de varios dispositivos y aplicaciones. Mientras que la tecnología es buena para el futuro de la humanidad, el hecho de que la mayoría de la gente esté perdiendo el contacto con las habilidades básicas de comunicación es algo que tenemos que mirar.

Desde el principio, nos damos cuenta de que la comunicación debe ser sobre la comprensión de los demás. Si no se pueden entender, es imposible comunicarse de manera efectiva. Esta es una de las razones por las que necesitas asegurarte de que repasas tus habilidades de comunicación. Lo bueno de las habilidades de comunicación es que cada día es siempre una oportunidad para aprender algo nuevo.

No tiene sentido en la vida decir que se ha aprendido todo lo que hay que saber sobre la comunicación. Al interactuar con diferentes personas todo el tiempo, tienes una buena oportunidad de aprender más sobre ellos a partir de sus experiencias. Nuestras vidas son esencialmente un agregado de todas las experiencias que hemos tenido y las que hemos compartido con la gente a nuestro alrededor. Lo mismo se aplica a la comunicación.

A medida que interactúas con diferentes personas, aprendes sobre sus preferencias, sus reacciones y predisposiciones y con el tiempo te vuelves considerado con sus necesidades. Todo esto se trata de empatía.

Pasamos el día comunicándonos con mucha gente. En el tráfico tienes que comunicarte con otros conductores o te arriesgas a causar un accidente.

En el trabajo debes comunicar las instrucciones claramente para cumplir con los objetivos generales de la organización.

Hay mucha comunicación a tu alrededor, y debes aprender a mejorar tus habilidades de comunicación para convertirte en un jugador activo y comprometido con las dimensiones de la comunicación de las que formas parte a diario. A medida que pasas por esto te das cuenta de que hay diferentes escenarios que siempre exigen una forma específica de comunicación.

La comunicación escrita puede ser efectiva especialmente en términos de registro, pero no es efectiva todo el tiempo. Hay momentos en los que la comunicación verbal transmitirá un mensaje mejor que la comunicación escrita. El secreto, por lo tanto, es aprender a elegir la forma de comunicación apropiada a través de la cual te puedas comunicar de manera efectiva y atender tus necesidades y las del receptor.

Mientras que la comunicación verbal y escrita es dominante en la comunicación moderna, también aprendes la importancia del lenguaje corporal y el uso de ayudas visuales para mejorar la calidad de la comunicación. Estos son puntos de aprendizaje que te ayudarán a aprender y apoyar cualquier forma de comunicación que utilices con los demás, y en el proceso comunicarte mejor con tu público.

Recuerda que el objetivo final de una comunicación de calidad es asegurar que no haya lugar para la ambigüedad. Hablamos de comunicación efectiva todo el tiempo, pero la mayoría de nosotros nunca presta atención a lo que implica. Como resultado, terminamos cometiendo errores en el curso de la comunicación, errores costosos cuyas consecuencias son de gran alcance.

Si bien el objetivo principal de esto es ayudarte a mejorar tus habilidades de comunicación, una importante ventaja que no debes dejar escapar es la importancia de la comprensión mutua en la comunicación. ¿Por qué es esto importante? En la medida en que creemos que nos comunicamos moviendo un mensaje de una persona a otra, también es posible que no haya habido comunicación.

La confusión surge especialmente cuando la audiencia no puede ver la conexión entre los sentimientos o las sensaciones del mensaje y el contexto del mismo. También surge cuando el lenguaje corporal y las palabras habladas o escritas no van en paralelo.

Como buen comunicador, debes aprender a alinear todos los elementos necesarios para no crear el caos en la mente del receptor, dondequiera que esté, de lo que has aprendido aquí, debes tratar de asegurarte de que tu comunicación sea de tal manera que pueda crear un entendimiento fácil con el receptor.

Hay muchos factores que influyen en la naturaleza de la comunicación y su eficacia. Lo mejor que puedes hacer es asegurarte de que los factores que están dentro de tu control están adecuadamente alineados para facilitar el proceso de comunicación. Además, cuando el receptor te entiende fácilmente, obtienes la respuesta que necesitas con un mínimo de esfuerzo, lo cual es bueno, ¿verdad?

La comunicación efectiva abarca un conjunto de todas las formas de comunicación, desde la escrita hasta la verbal y el lenguaje corporal. Para convertirse en un buen comunicador, tienes que aprender a aprovechar todo lo anterior. Es importante aprender todas estas formas de comunicación porque este conocimiento te ayudará a determinar el mejor enfoque a utilizar cuando te comuniques con alguien. Aunque todos los métodos son eficaces de una forma u otra, siempre hay que realizar un análisis de la situación para determinar la mejor manera de abordar cualquier situación. Aprender a comunicarte de manera eficaz también implica ser consciente de la audiencia y sus necesidades. Lamentablemente, la mayoría de las personas ignoran al destinatario todo el tiempo.

CPSIA information can be obtained
at www.ICGtesting.com
Printed in the USA
BVHW041357230221
600894BV00013B/1128